TRIDUUM

EN L'HONNEUR DU

BIENHEUREUX J.-B. DE LA SALLE

LE BIENHEUREUX J.-B. DE LA SALLE.

TRIDUUM

EN L'HONNEUR DU BIENHEUREUX

J.-B. DE LA SALLE

A GRENOBLE

LES 22, 23 ET 24 JUIN 1888

SOUS LA PRÉSIDENCE

DE MONSEIGNEUR FAVA

Évêque de Grenoble

GRENOBLE

BARATIER ET DARDELET, IMPRIMEURS DE L'ÉVÊCHÉ

Grande-Rue, 4

—

1888

TRIDUUM

En l'honneur du Bienheureux

JEAN-BAPTISTE DE LA SALLE

Nous devons, en commençant ce compte rendu, adresser de vives actions de grâces à MM. les rédacteurs du *Petit Grenoblois*, du *Vrai Dauphiné* et de la *Semaine religieuse* de Grenoble, qui facilitent considérablement notre tâche en mettant à notre disposition leurs articles sur la célébration du Triduum.

Les fêtes ont eu lieu dans l'église Cathédrale.

Monseigneur Fava, par une attention toute particulière de sa paternelle bonté, a tenu à présider ces solennités. Longtemps à l'avance, il avait lui-même fixé la date du Triduum à l'époque où les laborieux travaux de son ministère apostolique lui permettraient quelques instants de relâche.

A la date du 21 juin, M. Xavier Roux, dans le *Petit Grenoblois*, rappelle, en quelques mots, les bienfaits de l'œuvre du Bienheureux de La Salle et annonce les fêtes qui vont avoir lieu : L'Etat, dit-il, a des grands hommes, l'Eglise a des saints. A ses grands hommes, l'Etat dresse des statues; à ses saints, l'Eglise élève des autels. Le grand homme est celui dont le génie dépasse l'esprit humain; le saint est l'homme dont les qualités sont des vertus et dont les vertus sont des actes d'héroïsme. Les uns et les autres méritent d'être honorés.

Quelquefois, le génie immortel brille à côté d'un dévouement immortel : Vincent de Paul a des statues sur nos places publiques et dans nos églises.

Voici que Grenoble va glorifier par des fêtes religieuses un homme, un Français, qui a été dans l'œuvre de l'enseignement public ce que Vincent de Paul a été dans les œuvres de charité.

L'œuvre des Ecoles chrétiennes a été une œuvre populaire. C'est de La Salle qui, le premier, par un effort d'une grandeur inconnue jusqu'alors, a relevé le peuple, a éclairé ses yeux, a illuminé son front et l'a appelé à participer, lui aussi, aux bienfaits des sciences humaines.

C'est lui qui, le premier, a dit au fils de l'ouvrier : *Tu sauras lire, tu sauras compter, tu sauras apprendre dans l'histoire les grands actes, les grands dévouements.*

Si le peuple des villes put, à diverses époques lire dans les imprimés, les protestations qu'on élevait en faveur de ses droits, c'est aux Frères des Ecoles chrétiennes qu'il le dut. Qu'on ne le conteste pas! Le moment même où il apprenait ainsi à connaître ses droits était l'heure où Voltaire écrivait que « la canaille n'a pas besoin de savoir « lire. »

Mais, dans notre siècle, qui donc a contribué plus que les Frères au développement de l'instruction publique?

Lorsque en 1833, M. Guizot fit adopter sa grande loi, qui

organisait enfin en France l'enseignement populaire; lui, protestant, il s'adressait à qui?... aux Frères!... Sans les Frères, cette organisation de l'enseignement public eût été matériellement impossible. Si leur dévouement n'avait pas été prêt, jusqu'à quels jours eût-il fallu attendre pour qu'il y eût un instituteur dans chaque commune?

On peut même se demander si, sans eux, les instituteurs qui, maintenant, sont en si grand nombre, seraient encore à l'heure actuelle en nombre appréciable?

Et la jeunesse qui sortit de leurs écoles fut chrétienne, fut patriote, fut admirable dans toutes les œuvres qu'elle entreprit. Jamais, à aucune époque, sur ses lèvres un cri de désordre, une parole de révolte ne s'est fait entendre.

Mais, à Grenoble, les deux tiers au moins de nos générations ont été élevés, jusqu'en 1871, par les Frères.

Ces deux tiers remplissent toute la ville, nos industries, notre commerce, les fonctions du département, l'Hôtel de Ville, les fonctions de maire ont, depuis 1870, été remplies, une fois par un élève de l'Ecole des Frères. Ils sont partout, et partout ils ont fait rayonner l'esprit de l'œuvre admirable de de La Salle. Partout, à Grenoble surtout, à quelque opinion qu'ils se soient rangés, ils méritent l'estime de leurs concitoyens.

C'est cette estime que les élèves de de La Salle ont conquise par lui, qui, ces jours-ci, sera dans notre ville le plus beau rayonnement de sa grandeur.

Oh! la belle chose que d'avoir formé de nobles citoyens! l'excellente chose que d'avoir formé de bons chrétiens! de leur avoir appris à lire le livre des lois divines avec le livre des lois de leur pays, de leur avoir appris à respecter les unes et les autres!

Est-il étonnant, dès lors, que la ville de Grenoble ait voulu offrir, à son tour, au Bienheureux, dans un Triduum solennel, le tribut de sa reconnaissance et de son amour?

2

⁂

Vendredi matin, 22 juin, la cathédrale était richement décorée. Le long des piliers et des nefs latérales tombaient de nombreuses oriflammes aux couleurs variées, alternant avec des écussons reproduisant les dates principales de la vie du Bienheureux, ou l'étoile symbolique. Aux colonnes du chœur, on voyait les armoiries du Bienheureux, celles de Mgr Fava, évêque de Grenoble, et de Mgr Jourdan de La Passardière, évêque de Roséa, administrateur de Tunis. Dans le fond du sanctuaire, apparaissait un immense tableau représentant le Bienheureux, à genoux sur des nuages, au milieu d'anges qui lui forment un triomphal cortège.

A l'entrée du chœur, sur un trône entouré de lumières et de fleurs, le regard s'arrêtait sur une monumentale statue du fondateur des Frères. Debout, un sourire céleste sur les lèvres, il tient entre les mains et montre le livre des constitutions de son ordre.

A six heures et demie du matin, le Triduum commence par la messe de communion pour les élèves de l'Ecole Saint-Bruno, les membres des congrégations religieuses et les pieux fidèles. Cette première céremonie est tout intime, toute de cœur. Il n'est pas de plus beau spectacle que celui d'un grand nombre d'enfants disciplinés, recueillis, se préparant pieusement à la communion. Ce spectacle nous a été offert au matin de ce premier jour dans l'église Cathédrale, élégamment décorée. Le même tableau sera mis sous nos yeux pendant les jours suivants. Sans crainte de nous répéter, nous le décrirons chaque fois, parce que toujours il sera embelli des couleurs aimables d'une piété plus accusée.

Pendant la messe, dite par M. Carra, chanoire honoraire, curé-archiprêtre de St-Louis, la chorale du Pensionnat St-

Joseph a exécuté divers chœurs d'une fraîcheur ravissante. Ces chants, d'une allure simple, naturelle, harmonieuse, suave, allaient à l'âme et touchaient délicieusement le cœur. Empruntaient-ils ces qualités à leur composition musicale et poétique, ou bien les recevaient-ils de leur bonne exécution? L'une et l'autre contribuaient à donner à ces chants beaucoup de grâce et de majesté.

Après l'Evangile, le célébrant a fait à l'assistance une courte et substantielle allocution.

Les Lettres apostoliques, a-t-il dit, qui indiquent la célébration de la béatification solennelle de Jean-Baptiste de La Salle, indiquent aussi l'office liturgique choisi, en même temps qu'elles donnent les oraisons spéciales. Or, en commençant ce Triduum dans cette ville de Grenoble, où a passé quelque temps le nouveau Bienheureux, nous ne saurions mieux faire que d'emprunter les données à la sainte liturgie, dans la simple allocution que nous avons à vous adresser ce matin... — Notion de l'*Introït* de la messe. — *Introït justus*, tiré du psaume 91, v. XIII et XIV. « Le juste fleurira comme le palmier; de même que le cèdre du Liban il se multipliera, planté dans la maison du Seigneur, dans les parvis de la maison de notre Dieu... Il est bon de louer le Seigneur; de psalmodier à la gloire de votre nom, Dieu Très-Haut. » Après avoir résumé les idées du psaume, le prédicateur développe les paroles de l'*Introït*.

Voici ce résumé : Dieu est grand dans tout ce qu'il fait; l'insensé ferme les yeux à cette grandeur; il prospère un moment, mais bientôt il est exterminé pour jamais.

Les bons, victimes pendant la vie présente de la malice des impies, sont destinés à l'immortalité bienheureuse.

Justus. La justice dont il est ici question c'est, au sens des Ecritures, l'assemblage des vertus. Or, le 10 juillet 1873, la Sacrée Congrégation des Rites, en séance publique, devant le Souverain Pontife, décida que les vertus théologales, les vertus cardinales et les autres qui en découlent, avaient été pratiquées par le Vénérable Jean-Baptiste de La Salle, au degré héroïque...

Ut palma florebit. Le palmier est l'un des plus beaux arbres connus des Hébreux. Ne nous étonnons pas qu'il leur serve souvent comme terme de comparaison. Voyez-le, ce palmier dans sa magnifique floraison : c'est le jeune de La Salle, dans sa famille à Reims ; — c'est le chanoine de l'illustre chapitre de cette ville ; — c'est l'élève de Saint-Sulpice ; — c'est le prêtre qui s'occupe d'œuvres de charité, — qui abandonne tout pour se consacrer à l'instruction, à l'éducation des enfants du peuple ; — qui fleurit dans les persécutions, etc.

Sicut cedrus Libani multiplicabitur. Le cèdre est l'arbre de longue durée : son âge ne se compte pas par années, mais par siècles ; toujours vert, il se multiplie toujours. Ainsi en a-t-il été de notre Bienheureux ; il s'est multiplié par lui-même dans son enfance, sa jeunesse, son âge mûr, sa vieillesse ; — il s'est multiplié par son Institut, répandu maintenant dans les cinq parties du monde avec une vigueur, une force de plus en plus féconde...

Plantotus in domo Domini, in atriis Domus Dei nostri. Ce palmier, ce cèdre étaient plantés dans la maison du Seigneur : Jean-Baptiste de La Salle était prêtre : ses disciples sont dans les parvis de cette maison ; si nous la gardons, eux la défendent, eux y attirent par l'instruction et l'éducation qu'ils donnent au peuple. Honneur à eux, spécialement à notre époque.

Oui, en pensant au Bienheureux et à son Œuvre, il est bon de louer le Seigneur, de psalmodier les saints cantiques. C'est ce qu'on va faire, selon la parole de notre psaume, en *annonçant, le matin*, la miséricorde de Dieu, et, *le soir*, la vérité, avec les instruments et les voix. *In psalterio cum cantico.* Venez-y, mes frères, en grand nombre.

A neuf heures, une foule nombreuse envahit l'église : c'est l'heure de la grand'messe que doit célébrer M. Pellet, chanoine honoraire, curé-archiprêtre de la cathédrale.

Un chœur de cent cinquante voix formé par les élèves de la Maitrise, les enfants de l'école des Tilleuls, ceux de l'école avenue de Vizille exécutent avec un goût remarquable la messe de Mazingue. C'est un chant liturgique, savamment harmonisé, où les modulations de la voix rendent d'une manière admirable et saisissante les sentiments exprimés par les paroles.

A sept heures et demie du soir, la cathédrale se remplit de nouveau. Le chœur est bondé d'hommes de toutes conditions. On remarque un grand nombre d'ecclésiastiques. Les nefs, les tribunes regorgent de monde.

La cérémonie commence par l'hymne *Iste Confessor* chantée par un chœur bien nourri. Puis vient la *cantate au Bienheureux*, exécutée par le *Cercle de Saint-Laurent* et quelques jeunes gens de l'Association des anciens Elèves des Frères. C'est M. Buisson, président du Cercle Saint-Laurent et secrétaire de l'Association, qui dirige le chœur. La superbe cantate admirablement conduite est chantée par des voix vigoureuses et sûres. Les phrases mélodiques éclatent en accents magnifiques. L'effet est grandiose. Cependant le grand attrait c'est le panégyrique que va prononcer Mgr Rozier.

Nous sommes heureux de donner à nos lecteurs ce beau morceau d'éloquence sacrée, où la profondeur des pensées le dispute à l'élégance de la forme.

Le voici *in extenso :*

Accipe puerum et vade,
Prends l'enfant et va.
(Matthieu, XI. 20.)

MESSEIGNEURS (1),
MES FRÈRES,

Il y a des hommes dont on peut dire avec Isaïe que leur nom est un drapeau, « *signum in nationibus,* » des hommes

(1) Sa Gr. Mgr Fava évêque de Grenoble, et Mgr Jourdan de la Passardière, évêque de Rosea, administrateur de Tunis.

qui ont passé par les chemins de la vie, comme Jésus par les sentiers de Galilée, en attirant tout à eux, des hommes qui auraient eu le droit de se tourner vers les foules pour leur dire avec l'assurance du maître : « *Quis ex vobis arguet me de peccato*? Qui de vous peut me convaincre de péché ? » le droit de leur crier comme saint Paul : « Le Christ est « glorifié en moi ; sondez ma vie, voyez ma mort, elles « sont l'une et l'autre la glorification du Christ. *Glori-« ficatur Christus in corpore meo, sive per vitam, sive « per mortem;* » des hommes qui ont si bien révélé à la terre la gloire de l'Esprit de Dieu, que l'Esprit de Dieu vient à son tour sur la terre révéler la leur, comme ce Bienheureux qu'il nous invite à célébrer aujourd'hui, pendant que Lui, la troisième personne de l'indivisible Trinité, le célèbre dans la splendeur des saints, lui assigne sa place dans les rangs de l'armée lumineuse, répète à ses compagnons de triomphe du peuple éternel ce qu'il avait dit de Samuel le prophète : « Celui-ci, comme « vous, est aimé de son Dieu, *dilectus a Domino, Deo suo.* » Il passa ses premières années dans le silence du sanctuaire à conquérir cet amour, puis, fortifié de cet amour même, il quitta la solitude, pour devenir le législateur de l'enfance. Par elle, depuis deux siècles, il a renouvelé son peuple et touché de son onction féconde les gouvernements et les lois. « *Renovavit imperium et unxit principes in « gente suâ.* »

Eclairé de Dieu, il s'est entouré comme son maître, d'un peuple de disciples qu'il constituait héritiers de son esprit, de son habit et de son zèle, et qu'il a gouvernés dans la justice et la douceur de Dieu. « *In lege Domini congregationem judicavit.* »

Le zèle qui le consumait était allumé en lui par une foi si ardente que les peuples de la terre émerveillés, l'ont salué le docteur de l'enfance. « *In fide suâ probatus ut propheta.* »

Et le peuple éternel a répondu : « *Amen,* » cet *Amen* de l'éternité qui résonne encore et ne finira plus.

Et voilà que de notre terre obscure, nous sommes invités par l'Esprit de Dieu à envoyer un écho de ces cantiques dont les Chérubins règlent les mouvements infinis.

Et qui donc parlerait, si nous étions muets, nous, les fils de cette noble cité de Grenoble, le Nazareth dont Jean-Baptiste de La Salle parcourait les rues, entouré, comme Jésus, de troupes enfantines qui aimaient le rayonnement de son sourire, et la mélodie de sa voix?

Qui pourrait répondre que nul de vous, qui êtes venus le chanter sous ces vieilles voûtes, n'a reçu de ce prêtre l'héritage d'honneur et de foi qu'il veut transmettre à ses fils? Savez-vous si quelqu'un de vos aïeux lointains n'apprit pas simultanément de sa bouche et la science de la terre et la science du ciel? Ah! Grenoble, ses pieds d'apôtre ont foulé ton sol fécond, et tu veux dire, toi aussi, ta strophe dans le cantique immense. « *Adorabimus eum* « *ubi steterunt pedes ejus.* »

Faut-il me réjouir d'être appelé au périlleux honneur d'entonner cet hymne à la gloire du Bienheureux Jean-Baptiste de La Salle, fondateur de l'Institut des Frères des Ecoles chrétiennes?

Je sens comme il convient et la grandeur du sujet, et la faiblesse de ma voix, mais ce que je veux dire, je l'ai lu dans une petite estampe que les Frères connaissent bien.

Elle sert d'en-tête à la lettre que m'adressait le fils du Bienheureux chargé de perpétuer dans cette ville la grande œuvre de son maître, et cette estampe la voici :

C'est une petite bande de désert. Au fond la silhouette vague de deux pyramides; à gauche, deux petits palmiers inclinant leurs branches vers un voyageur qui, d'une main porte un lys fleuri et de l'autre conduit un enfant, et en exergue : Pensionnat, Externat Saint-Joseph.

Ce n'est pas sans raison que ceux qui ont voulu être à la fois les fils de saint Joseph et du Bienheureux, ont choisi cet emblème où tous deux sont représentés à la fois.

Ne trouvez-vous pas que, sans effort d'imagination, dans ce patriarche Joseph qui mène l'Enfant-Dieu par le désert de l'exil, on peut voir aussi bien le Bienheureux de La Salle qui conduit l'enfance par le désert de la vie?

Ne trouvez-vous pas que leurs deux missions sont semblables et résumées l'une et l'autre dans ce mot qui entraîna Joseph sur la route d'Egypte : « *Accipe puerum* « *et vade*, prends l'enfant et va. »

Je suis heureux, Monseigneur, d'être secondé de la bénédiction de Votre Grandeur. De toutes celles qui font courber mon front, la vôtre est la plus chère parce qu'elle contient le plus d'amour; heureux aussi de voir à vos côtés Mgr de Roséa, administrateur de Tunis. J'ai appris du même coup, à Rome, à le connaître et à l'aimer, et il sait depuis longtemps que ma gratitude est comme la ville où elle naquit, éternelle.

Je voudrais dire, Messeigneurs, que la mission du Bienheureux Jean-Baptiste de La Salle à Grenoble, ressemble par bien des côtés, à la mission de Joseph, et dans les douloureuses traversées par lesquelles passa le patriarche pour sauver l'Enfant-Dieu, dire les dévouements des fils de notre Bienheureux, et ceux aussi de cette société de sauvetage qui dans les naufrages modernes, s'est imposé le devoir d'arracher l'enfance, inhabile encore à manier l'aviron, aux violences de la vague qui menace d'entraîner les plus vieux matelots.

Ainsi j'aurai, sans le chercher, loué les deux patrons de nos écoles de Grenoble.

N'est-ce pas que je puis sans témérité, mes Frères, essayer de marier ces deux devoirs dans le mot de l'Archange qui résume les deux missions et s'adresse à vous tous :

« *Accipe puerum*, Sauvez l'enfant ! »

« *Accipe puerum*, » Dépositaire de Jésus-Christ. Si nous entrons au fond de ce mystère, nous y trouverons pour Joseph un titre si glorieux qu'on peut à peine le concevoir.

Cet enfant sur lequel il a toujours les yeux, vient au monde comme un orphelin. Il n'a point de père sur la terre. « *Sine patre* : » il est vrai qu'il a un père au ciel, mais un père qui semble l'abandonner et ne plus le connaître. Un jour viendra où cet orphelin, cloué sanglant sur un gibet, jettera à ce père ce cri de douleur : « *Ut quid dereliquisti me?* Père, pourquoi m'avez-vous abandonné? Mais cette plainte déchirante qui sortait de son cœur avec son dernier souffle et sa dernière goutte de sang, pouvait déjà trouver place dans l'étable hospitalière, entre sa première larme et son premier sourire. Dès ce jour où il n'avait pas même le toit de l'indigence pour abriter sa tête, pas même les langes de l'aumône pour envelopper ses membres naissants, le Père du ciel l'exposait aux persécutions et l'abandonnait aux injures.

Pauvre enfant, en naissant comme en mourant, vous pouviez vous écrier : « *Ut quid dereliquisti me?*

Tout ce que fait Dieu en faveur de ce fils consubstantiel pour montrer qu'il ne l'oublie pas, c'est de le mettre en la garde de cet humble charpentier qui conduira péniblement sa pénible enfance. Par quel mystère celui qui n'est pas père par nature reçoit-il avec joie cet abandonné sur lequel il concentra les souris de sa vie? Celui qui façonne les cœurs à sa guise « *Qui finxit corda* » fait de ce cœur d'étranger un cœur paternel, lui en souffle les émotions, les sollicitudes, les perpétuels tressaillements; comme du cœur grossier de Saül, il avait fait un cœur royal : « *Immutavit Dominus cor Saül;* » comme des cœurs prêts à la révolte des Israélites, il fit des cœurs de sujets. « *Quorum Deus tetigit corda;* » comme des cœurs trembleurs qui palpitaient dans les poitrines des Apôtres, il fit des cœurs de héros et de martyrs; comme du cœur de Marie qui ne battait que pour Jésus, Jésus lui-même fit en mourant un cœur assez grand pour contenir le monde; ainsi, du cœur de Joseph, il fit à l'heure dite un cœur paternel.

Avant que ne fût arrivé l'ange messager des mauvais jours, ce cœur nouveau était déjà l'écho lointain de l'ordre de Dieu, « *Accipe puerum et vade.* » Prends l'enfant et va ta route, et vous savez s'il s'est acquitté de cette mission sacro-sainte sans découragement et sans faiblesse.

Si je vous dis que la mission du Bienheureux Jean-Baptiste de La Salle est la même, si je vous dis encore que l'enfant dont il a la garde est le même aussi, ne pensez-vous pas que je vais commettre une témérité?

Ah! pauvres et chers petits, que je suis heureux de voir votre frère divin venir lui-même défendre votre cause. Quand il cheminait par les villages, pliés dans les collines qui vont de Nazareth à la mer de Galilée, le bon Maître, fatigué quelquefois de chemin et de soleil, « *fatigatus ex itinere*, » s'asseyait sur le pas des portes, et les petits Galiléens venaient entourer le Dieu au sourire si doux. Les disciples écartaient les petits importuns, mais le Maître leur fit entendre une fois une doctrine qui est le dogme rédempteur de l'enfance abandonnée :

« Ce que vous ferez à l'un de ces petits, c'est à moi « que vous le ferez. *Quod uni fecistis, mihi fecistis.* »

Le Dieu pour qui les siècles sont moins longs que nos jours, vit passer devant ses yeux des grottes de Bethléem plus tristes que les siennes, souvent, Dieu merci, des ateliers honnêtes comme celui de Nazareth et des Frères craignant Dieu comme le sien, mais souvent aussi des sixièmes étages sans Dieu, des foyers sans foi, des unions sans honneur, des enfants apprenant le nom trois fois saint dans les blasphèmes paternels, le vice descendant de ces repaires pour déshonorer la vie, et ce même Dieu qui, en prenant du pain, devait dire bientôt : « Ceci est mon corps, » montrer l'enfant aux siens en disant : L'enfant c'est moi, « *mihi fecistis.* »

« Le « *mihi* » est le secret intime des inaltérables dévouements de ce Bienheureux que nous célébrons aujourd'hui. « *Mihi,* » c'est parce qu'il sonda la profondeur sacrée de ce petit mot, « *mihi,* » que la terre et le ciel marient leurs accords pour le chanter. « *Mihi!* » c'est à l'enfant de Joseph lui-même que s'adressèrent tous ses sacrifices. « *Mihi!* » c'est pour lui que Dieu pétrit et fit paternel le cœur qui battait sous sa poitrine de saint, et quand l'heure sonna, pour lui comme pour Joseph, d'inaugurer sa mission de gardien de l'enfant, Dieu donna à ce cœur, comme à celui d'Esdras, un dernier coup de main, il le façonna tout exprès pour la science de Dieu. « *Paravit cor suum ut investigaret legem Domini,* » tout exprès pour enseigner à l'Israël enfantin la morale et les préceptes, « *ut doceat in Israël præceptum et judicium.* »

« *Mihi fecistis.* L'enfant, c'est moi, » et dès lors cet homme apparut au monde avec un drapeau sur lequel éclatait la devise de Joseph : « *Accipe puerum,* sauvons l'enfant. »

Et c'est ainsi que vos frères l'ont connu. En 1713, les habitants de la rue Saint-Laurent voyaient passer tous les jours ce héros modeste qu'on appelait le saint, qui s'en allait célébrer le saint sacrifice dans la chapelle des Chartreux, servant aujourd'hui de salle d'asile, puis sans bruit, il allait enfermer ses journées au milieu des enfants du peuple, et doucement, il leur épelait, avec les lettres de l'alphabet, les secrets de l'éternelle vie.

De la grande mission de son maître, « *docete,* » il ne gardait qu'une part tour à tour rude et charmante, « *Sinite parvulos ad me venire,* laissez les petits enfants venir à moi. » Mais les saints ont beau se cacher, comme les fleurettes de nos grands bois de sapins, ils ont des parfums discrets qui percent sous les mousses et découvrent leur existence inconnue, ou comme les navires et les astres voyageurs, ils traînent après eux un sillage lumineux, et dans le sien passait tout ce que cette cité comptait de grands noms et de sublimes dévouements, le président de notre Parlement, les présidents de la chambre des comptes, les chanoines de cette illustre cathédrale, les conseillers au Parlement, et à la tête de cette pléiade, Mgr de Montmartre, évêque de Grenoble. Quelques-uns de ces noms illustres honorent encore cette terre dauphinoise, et les deux siècles qui ont glissé leurs flots sur ces blasons et sur ces hermines, n'y ont laissé ni tache ni infamie.

Saluons en passant ces chrétiens vigoureux précurseurs de ceux qui se dévouent aujourd'hui à la même cause avec la même devise : « *Accipe puerum*, sauvons l'enfant. »

Cependant son œuvre, fille de l'Eglise, ne devait pas manquer de ce qui fait la condition vitale de sa mère, la douleur.

Quand Dieu fait une alliance avec les hommes, il la signe avec du sang. Le Maître déjà était monté à peine, qu'on avait assassiné le précurseur. Enfantée dans la douleur, l'Eglise fit son chemin en passant par le Golgotha, et l'on n'a pas dit qu'elle en ait changé. La douleur est un creuset mystérieux et infaillible par lequel les œuvres de Dieu se dépouillent de la gangue humaine pour sortir en or pur.

Les travaux de Jean-Baptiste de La Salle épuisèrent sa vie et la maladie le fit tomber sur le champ de bataille, maladie horrible dont le remède plus horrible encore fit de son corps une vaste plaie. Ce fut la signature du contrat.

C'est alors qu'il put dire aux siens ce que le royal prophète met dans la bouche du royal martyr : « Ne crai-
« gnez rien pour demain ; l'avenir est assuré, la charte qui

« nous fonde est paraphée dans mes blessures, *in vulne-*
« *ribus meis descripsi te,* » ou leur dire avec saint Paul :
« Soyez en paix, jamais je ne vous fus plus utile qu'à
« cette heure où je ne vous sers de rien, parce que jamais
« je ne suis plus puissant que lorsque je suis faible, *cum*
« *infirmor, tunc potens sum.* »

Dieu le releva de son brasier douloureux pour lui imposer son épreuve dernière.

Comme Joseph, il devait avoir son heure hésitante, l'heure où Dieu se met directement de leur partie pour sauver des œuvres que les épaules humaines trouvent trop lourdes.

Qui n'a lu dans saint Matthieu ces deux lignes aussi laconiques que profondes qui nous révèlent le fond des incertitudes douloureuses qui durent torturer l'âme droite et grande de Joseph, à une minute de sa vie ?

L'Homme-Dieu sorti déjà des profondeurs de la vie intime de la divinité, pas encore entré dans la vie manifeste de l'humanité, se tenait caché dans le tabernacle virginal de Marie. Le patriarche qui n'était pas introduit encore dans les secrets de notre régénération aima mieux douter de ses sens que de la candeur royale de la Vierge, son épouse, « et la fille de David, pense le grand Bossuet,
« laissait à Celui qui avait opéré de si grandes choses en
« elle, le soin d'en convaincre Joseph. »

Il y a des mystères qui n'imposent créance que lorsqu'ils tombent de la bouche d'un messager du ciel.

Lorsque les soupçons de Joseph devinrent une réalité à ses yeux, nul ne pourrait dire l'amertume de ses perplexités.

Tout briser ; alors ce qui attendait la Vierge par delà la porte fermée derrière elle, c'était la rigueur terrible de la loi juive, la lapidation sanglante, ou la coupe célèbre des eaux amères qui avaient l'âpre saveur de l'absinthe et faisaient mourir la criminelle.

C'était un juste, « *cum esset justus ;* » il ne voulut pas lui jeter la première pierre, mais la sauver à la fois du mépris du monde et de l'inflexibilité de la loi.

L'Eternel avant d'élever définitivemsnt cet homme au suprême honneur d'être sur terre le gardien de son fils, l'attendait-là.

Les yeux fixés sur une maison plus que modeste accrochée comme une touffe de laine au penchant des collines de Nazareth, les anges de Dieu suivaient cette lutte intime où les plus nobles sentiments de l'âme étaient aux prises. Ce fut l'héroïsme qui triompha. Il ne voulait ni d'une épouse criminelle, ni d'un fils étranger, mais il voulut sacrifier son honneur pour sauver celui de Marie. Il quitterait l'air natal si bon à respirer quand les jours se pressent vers la tombe, il s'en irait loin, sur une terre d'exil, assumant sur sa tête innocente tout l'odieux de ce criminel et brutal abandon.

Cette résignation plus glorieuse que les triomphes, cette patiente douleur payée par le ciel plus cher que le martyre, ce sacrifice héroïque et inconnu est contenu dans ce petit mot de saint Matthieu : En secret, « *Occulte* » en secret, il la voulut abandonner. « *Occulte voluit dimittere illam.* » C'est l'héroïsme que Dieu voulait pour sacrer Joseph, et c'est là que le messager du ciel se présenta à lui annonçant la grande nouvelle.

Les orages de son âme s'apaisent comme les flots de Thibériade à la parole du fils qu'il allait répudier. Il attend dans le silence l'enfant qui va venir, déjà pénétré de sa grande mission. « *Accipe puerum.* Il faut garder l'enfant. »

Avez-vous vu quelquefois, quand le grand été semble dormir sur les plaines, quand les faucheurs ruisselants enfoncent en cadence la faucille dans la masse profonde des épis d'or, un moissonneur n'en pouvant plus de fatigue et de soleil, quitter ses compagnons de peine pour s'en aller sous un arbre voisin, chercher un peu de repos et d'ombre. Ainsi la lassidude et la maladie avaient saisi Jean-Baptiste de La Salle en pleine moisson et lui aussi voulut un peu d'ombre et de repos.

A quelque distance de Grenoble se dresse une colline qui avance sa pointe comme un promontoire vert entre la plaine de Bièvre et la vallée de Tullins. J'aime à redire le nom de cette colline dont les dernières rampes vont expirer comme un flot dans mon village natal. Elle évoque pour moi les plus charmants plaisirs de l'enfance. C'est de son sommet que je découvris une fois que le monde dépassait mon village.

A Parménie, Jean-Baptiste de La Salle avait un ami, l'abbé Ize de Saléon. Le repos et un ami : les deux plus douces choses de la vie. Il vint à Parménie pour y trouver, hélas ! les perplexités de Joseph, car c'est là à son tour, que Dieu l'attendait. Quand ce moissonneur fut sous l'arbre du repos, la solitude le séduisit et il ne voulut plus prendre sa famille travailleuse.

Ses yeux se promenaient sur les montagnes neigeuses dont les flancs hospitaliers recèlent cette vaste Thébaïde qui verse sur notre pays tant de prières et tant d'or. Il se dit que Parménie serait sa Chartreuse. Il se dit qu'il y finirait doucement dans la prière les jours qui lui restaient. Il se dit qu'il avait assez souffert pour en avoir le droit. Il se répétait ce mot que nous avons lu tous sur la porte d'une cellule : « *O beata Solitudo ! ô sola Beatitudo !* O « bienheureuse Solitude ! ô seule Béatitude ! » Il se dit encore que l'heure était venue enfin de s'y rassasier uniquement d'amour de Dieu, « *in solitudine saturare panibus*, » que la charge devenait trop lourde pour ses épaules vieillissantes, qu'il laissait des fils pour la vaillamment porter, et sans rien dire « *occulte* » il la voulut abandonner « *occulte voluit dimittere illam.* »

C'est là que Dieu se montra comme à Joseph et lui dépêcha un messager, et c'est là encore qu'il faut admirer la grandeur de ce Dieu qui fait les plus grandes choses avec les plus petits moyens. Tout faire de rien lui est aussi facile que de faire un épi d'une semence, mais il aime le rien parce que c'est dans le rien que sa puissance éclate, « *dixit et facta sunt,* » et c'est parce que les humbles tendent à se rapprocher du néant, qu'il aime les humbles, et lorsqu'il a voulu manifester son action par des mains et des bouches humaines, il a choisi les mains et la bouche des humbles, « *humilibus dat gratiam.* » Il veut un roi pour son peuple de prédilection ; il le prend dans la lie, c'est Saül, et quand il réprouve celui-là et qu'il en veut un autre, il va au-dessus du champ de Booz sous les oliviers de Jessé, chercher un berger chétif, « *ne respicias vultum neque staturam.* » Il lui donne un sceptre et une harpe, et le fait du même coup prophète et roi, et c'est David. Il veut des organes pour sa gloire, des instruments pour ses desseins, des hérauts pour sa parole, des princes pour son Eglise, il peut choisir à l'aise, le monde est à sa disposition et de nombreux disciples le suivent partout. Parmi ceux-là, il y a des nobles comme Joseph d'Arimathie, « *nobilis decurio.* » Il a des maisons à Jérusalem, d'autres à Ramatha, des terres dans la plaine de Sarou. Il a aussi des roturiers comme Pierre qui pêche à Bethsaïda des poissons qu'il s'en va vendre par les villages, mais le monde s'aplatit devant les grands et méprise les roturiers. Il choisit le roturier.

Il y a des riches comme Zachée, « *dives valdè.* » Zachée a de l'or plein ses coffres, des figuiers et des troupeaux plein les collines, « *dives valdè,* » il y a des pauvres comme Jacques et Jean qui raccommodent de vieux filets rompus sur les bords du lac natal, « *reficientes retia,* » mais le monde courtise le riche et passe insensiblement devant le pauvre. Il choisit Jacques. Il y a des docteurs comme Nicodème qui brillent au milieu du peuple comme une lumière, « *tu es magister in Israël,* » et des ignorants comme André qui ne sait pas lire, mais le monde honore les savants et fait peu de cas des ignorants. Il choisit André.

Il y avait des reines pour coucher l'Enfant-Dieu sur un trône, mais il s'était choisi une humble fille de Juda qui l'avait couché dans la paille; et il reste fidèle à son plan.

Dieu veut envoyer au Bienheureux Jean-Baptiste de La Salle un messager qui va tout arranger, garantir le présent, assurer l'avenir, éterniser son œuvre, il le prendra parmi les humbles.

C'était une petite chevrière qui conduisait son troupeau modeste sous les hêtres de Parménie. Pauvre et ignorante, elle avait la richesse et la science de Dieu, et dans nos contrées son nom a une mélodie : Sœur Louise. Je me rappelle les émotions qui m'agitaient, lorsqu'enfant j'étais devant ce tableau toujours à la même place, qui représente ce prêtre vénérable agenouillé devant cette bergère. Je ne comprenais rien à ce renversement de l'ordre établi, car tous mes efforts d'imagination ne parvenaient pas à mettre à genoux mon vieux et saint curé devant une bergère du village. Je ne savais pas qu'elle était l'ange envoyé par Dieu comme à Joseph pour éclairer les doutes de ce prêtre.

Ce qu'elle lui dit, je le sais, maintenant : « Jean-Bap-
« tiste, il ne faut pas abandonner l'enfant que Dieu te con-
« fie, mais le reprendre par la main et poursuivre ta route.
« *Accipe puerum et vade*, » et nos aïeux le virent redescendre plus résolu que jamais à sa grande mission. « *Ac-*
« *cipe puerum.* » Sauvons l'enfant !

Ce que Jean-Baptiste de La Salle a fait parmi nous, le voici.

Redoutant les naufrages de l'avenir, il construisit une arche pour sauver l'enfance et condamner toujours les criminelles entreprises de l'impiété. « *Metuens, aptavit arcam*
« *in salutem domûs suæ, per quam damnavit mundum.* »

Cette arche, malgré vents et tempêtes, est toujours à flot, elle porte dans ses flancs notre trésor d'aujourd'hui et notre espérance de demain. Car ceux qui naviguent à son bord ne sombreront pas, nous l'espérons, dans l'impiété et dans la haine. « *Testamenta sæculi posita sunt apud* « *illum, ne deleri possit diluvio omnis caro.* » Il faut que vous sachiez bien en considérant les traverses périlleuses, les inquiétudes incessantes que souffre Joseph depuis que Jésus est en sa garde, que vous ne pourrez sauver l'enfant sans peine, que votre devoir impérieux est d'approvisionner l'équipage, car autant vaudrait le laisser sombrer que de le laisser mourir de faim.

Quand Jésus entre quelque part, il y entre avec sa croix. Il n'apporte ni couronne de roses, ni couronne de laurier, mais sa couronne royale et sanglante d'épines enguirlandées, et il en fait part à ceux qu'il aime.

Joseph et Marie n'étaient pas riches, mais ils n'étaient pas sans asile. Ils avaient le petit toit de Nazareth.

Peut-être encore la fille des rois avait-elle reçu en dot sa part de la maison natale, à deux pas de la piscine probatique, à quelques minutes du Temple dont sa voix virginale avait animé les échos, sous le souffle des cantiques ?

Peut-être encore, Joseph avait-il l'héritage de la maison des aïeux, et c'est une tradition très accréditée, dans la terre féconde de Bethléem, sous les oliviers plantureux, au flanc de la colline qui descend dans la plaine où Ruth, la Moabite glanait les épis de la charité. Mais dès que cet enfant est au monde, il n'y a plus de maison pour eux. Est-ce que le caravansérail des mendiants n'est pas un assez beau refuge pour cette misère qui passe ? Qui peut donc leur procurer cette disgrâce ? C'est ce Jésus dont il est écrit : « Il est venu chez les siens, et les siens ne l'ont « point reçu. » Ce Jésus dont il est écrit encore : « Il n'aura « pas de gîte où reposer sa tête. »

Mais, ô Jésus, n'est-ce pas assez de leur indigence ?

Pourquoi leur attirer encore des persécutions à cause de vous? Ils vivaient tous deux dans l'humble ménage de Nazareth, surmontant la pauvreté dans la patience et le travail, et sous l'œil de Dieu ils savaient encore ce que peut être le bonheur. Jésus apparaît : plus de repos pour eux. Cet enfant malencontreux ne vient au monde que pour les tourmenter. Il n'apporte que des malheurs. Hérode ne ne peut souffrir que cet enfant vive. La bassesse de sa naissance ne peut le cacher à la jalousie du tyran. Le ciel même s'en mêle. Une étoile lui découvre le secret, et si elle lui amène les mages d'Orient, elle lui suscite un cruel persécuteur. Le ciel sauve les mages en les faisant passer par un autre chemin, et il semble avoir de la peine à sauver son Dieu. Un ange se montre : « Joseph, il faut fuir en « Egypte, cette nuit, avec la mère et l'enfant. » Il faut fuir? Oh ! quelle parole ! Fuir la nuit? Pourquoi ces précautions de la faiblesse? Le Dieu d'Israël qui a allumé le feu de l'immensité, qui étend la nuit comme les plis d'un voile, a besoin pour se sauver de la faveur des ténèbres? Et quand l'ange viendra lui dire : « Retournez en Israël, ceux qui réclamaient la vie de l'enfant sont morts. »

Eh! quoi, aurait-il pu dire encore, et s'ils n'étaient pas morts, Dieu ne serait donc pas en sûreté? Quel est donc ce Dieu? Ah! curieuse obéissance que celle qui cherche à pénétrer les secrets du commandement. Ce n'est point celle de Joseph. O faiblesse abandonnée du divin Jésus, Joseph vous adore en cet état aussi bien que s'il avait vu vos plus grands miracles. Il reconnaît le mystère de ce délaissement. Il s'abandonne à Dieu sans raisonner. Son esprit ne chancelle pas entre sa raison et la foi, et du tumulte confus des raisons humaines qui pouvaient s'agiter dans son âme, il n'entend distinctement monter qu'un mot, l'ordre de l'ange : « *Accipe puerum.* » Coûte que coûte, il faut sauver l'enfant !

Si je vous dis qu'Hérode n'est pas mort, si je vous dis

que de temps à autre on aperçoit à travers les siècles sa figure sanguinaire, qu'Hérode s'appelle souvent légion, que la peur de voir l'enfant vivre, vivre de la vie de Dieu, lui cause des terreurs qui vont quelquefois jusqu'à l'affolement, que ces craintes insensées lui arrachent encore des décrets de proscription contre l'enfance, qu'il y a des siècles malheureux témoins encore du massacre des Innocents, de l'occision brutale de la Foi, de l'Espérance et de la Charité, les trois merveilleux appareils destinés à faire fonctionner la vie divine, je n'aurai rien dit que vous ne sachiez.

Si j'ajoute que, de ce chef, l'ordre de l'ange résonne à vos oreilles plus impérieux que jamais. « *Accipe puerum.* » Sauvez l'enfant, je ne vous aurais point créé non plus de devoir inconnu. Certes, vous aussi vous pouviez opposer à ce désir toutes les raisons captieuses que le charpentier de Galilée n'entendit pas; vous ne l'avez pas fait. Vous aussi vous pouviez dire : Si c'est à la cause de Dieu qu'Hérode en veut, Dieu est assez fort pour la défendre seul ; cela vous ne l'avez pas dit.

Vous aussi, vous pouviez penser que ce Dieu n'a besoin de personne pour mettre sa gloire en sûreté ; cela, vous ne l'avez pas pensé. Vous aussi, vous pouviez vous croiser les bras dans l'inaction et crier avec les Juifs : « Qu'il se sauve lui-même ; » cela, nous ne l'avons pas entendu. Vous n'avez pas voulu vous fermer à double tour dans ce mot déshonorant qui tend, hélas! en dehors de cette enceinte, à se transformer en doctrine : « Cela ne me regarde pas. » Comme Joseph, vous avez adoré les secrets profonds des décrets éternels. Comme lui, vous vous êtes trouvés trop bien payés de vos peines dans l'honneur sublime d'être conviés, selon le beau mot d'Origène, à devenir les « coopérateurs de Dieu : *Cooperatores Dei.* » Comme lui encore, vous avez offert et vos jours et vos bras. Comme lui enfin, vous êtes partis pour l'Egypte de l'école sans Dieu, avec cette seule devise : « *Accipe puerum.* » Sauvons l'enfant.

Représentez-vous donc ce pauvre ouvrier qui n'a pas d'autre héritage que ses mains, son atelier et son travail, contraint de tout quitter, de fuir comme un criminel, bien loin, dans une terre inhospitalière, dont il n'a ni la religion, ni la langue, ni les mœurs. Et cela pourquoi? Toujours pour la même raison; il a Jésus avec lui. Va-t-il se plaindre encore de cet enfant incommode qui, sans motif, le chasse de la patrie et ne semble venu au monde que pour le persécuter. Si au moins, il espérait voir ses disgrâces finir bientôt, on passe presque gaîment les mauvais jours quand on espère les radieux lendemains; mais non, il était sous le parvis des Gentils avec Marie, quand le vieux prêtre découvrit la pointe du glaive qui devait lui percer le sein, et il traîne sa rude existence à souffrir le mal d'aujourd'hui, à appréhender le mal de demain.

O voyage de l'Égypte! Quelles leçons vous me prêchez! Une fois, du haut de la grande pyramide, mes yeux se perdaient au fond du désert morne, et il me semblait voir dans le lointain vague, dans l'aveuglement des sables, dans les embrasements du Simoun, l'acheminement lent et triste de cette caravane divine que Joseph conduisait, sans pain que celui de l'aumône, sans guide que celui de la Providence, sans abri que la voûte du ciel. Et il me semblait encore les voir s'arrêter aux portes de Memphis la Superbe; et dans le tumulte de la richesse et des plaisirs, cette misère inconnue se perdit. Le Maître du monde essaya ses premiers pas dans les grands blés que le Nil fertilise; les bananiers tendaient vers lui leurs branches chargées de fruits mûrs, et celui qui verse le soleil sur les moissons et les fruits, n'avait pas d'épi pour sa faim, pas de fruit pour sa soif. « La misère était noire, dit Orsini, et Jésus « demandait quelquefois à Joseph un morceau de pain que « Joseph, le cœur brisé, ne pouvait lui donner. »

Se plaint-il enfin? errant, vagabond, exilé, malheureux! Il s'estime trop heureux encore de posséder l'enfant même à ce prix. Il est pauvre, mais il est riche. Il n'a rien, mais il a tout. Il n'a point de repos, mais il est tranquille. Il n'a point de bonheur, mais il est heureux. Il a l'enfant. « *Accipe puerum.* »

Nous non plus, nous ne nous plaignons pas. Quand je dis nous, je parle de ces Frères vaillants dont l'héroïsme vient d'être célébré par la voix infaillible du Vicaire de Jésus-Christ en la personne de leur fondateur, mais je parle aussi de ces hommes généreux qui, dès les premiers jours de l'épreuve, ont accepté la grande mission de soustraire l'enfant aux périls qui l'ont menacé. Soyez sans crainte, nous remplirons gaîment notre charge, nous conduirons l'enfant par le désert, nous lui ferons traverser les mauvais jours, nous le sauverons de l'incrédulité et du vice, mais pour ce faire, je n'hésite pas à avouer, mes frères, que nous avons besoin de vous. Nous avons besoin de vous pour aplanir les voies, nous avons besoin de vous pour renverser les obstacles, nous avons besoin de vous pour nous ouvrir les portes, et quelquefois, il faut tout dire, nous avons besoin de vous pour nous suppléer. Oui, selon le mot de Tertullien, nous sommes à un jour de grande bataille, l'effroyable mêlée des intelligences qui se choquent, le duel à mort entre la vérité et le mensonge, entre l'impiété et la vertu. Prêtres, nous serons les capitaines pour conduire les troupes à la victoire et diriger toute l'action; mais les troupes, il faut les avoir, et les officiers ne peuvent vaincre si les soldats s'endorment. Tout chrétien est soldat, et tout soldat doit payer de sa personne. Regardez-donc Hérode et les siens. Quel prosélytisme et quelle unité dans la rage! que cela nous soit un motif d'entrain et de courage. Il est infatigable, ne prend jamais de repos et ne nous fait pas un quart d'heure de trêve; et nous, fils du bien, nous laisserions échapper de nos mains le glaive de la parole et des œuvres, nous laisserions nos bras tomber de lassitude, pour nous endormir sur quelques maigres lauriers que nous avons conquis, abandonnant lâchement à l'ennemi les jeunes recrues dont nous avons besoin pour les batailles de l'avenir ?

Nous avons besoin de vous aussi, Mesdames, comme Joseph avait besoin de Marie dans le voyage dangereux. Pour remplir notre rôle, le vôtre est d'une impérieuse nécessité, et si vous me demandez quel il est, le voici :

Votre rôle est celui de ces bergers qui, aux veilles de la fuite, vinrent déposer au pied du berceau les humbles présents de l'indigence, cadeaux modestes qui permirent à Joseph de faire face aux premières exigences. Votre rôle est celui de ces rois de la Chaldée qui arrivèrent de l'Arabie lointaine apportant à l'enfant l'or de la royauté, et il est bien permis de penser que ce fut cet or étranger qui paya les premières dépenses du voyage de l'exil. Votre rôle est celui de ces inconnus dont nous saurons les noms là-haut, qui le long de la route interminable, donnèrent aux pauvres exilés le pain et l'eau du voyageur avec le toit de l'hospitalité.

Eh bien ! oui, c'est vrai, nous avons besoin de votre aumône, non pas seulement de cette petite pièce de monnaie négligemment jetée pour faire comme tout le monde, mais de l'aumône des Mages ; de l'or que vous devez à Jésus-Christ. L'enfant le demande en pauvre avec des supplications, mais Jésus-Christ le réclame impérieusement et en maître : « *Mihi fecistis.* »

Je sais que vous dites peut-être à part vous : « Si on les écoutait, il faudrait toujours donner. » Oui, c'est vrai, il faudrait toujours donner, et pourquoi pas ? En vérité, épouses, l'heure sonnera-t-elle où vous serez dispensées d'être fidèles ? Et vous, jeunes filles, l'heure où vous serez dispensées d'être pures ? Ce sont des vertus que vous ne pouvez déserter sans, du même coup, déserter le ciel Et de quel droit exceptez-vous la charité? Elle est impérieuse aussi comme la fidélité, comme la chasteté, si impérieuse que le souverain juge en a fait le seul considérant de la sentence finale. L'enfant demande, et c'est pour le coup que Jésus demande : « *Mihi fecistis.* »

Est-ce assez pour éprouver la fidélité de Joseph. Ah! ne le croyez pas. — Voici encore une étrange épreuve. — C'est peu des hommes pour le persécuter, son Fils lui-même devient son persécuteur.

Un jour, sous les arbres fameux où Débora, la prophétesse, jugeait les tribus d'Israël, il s'aperçoit que son fils s'était dérobé à sa vigilance. Jésus est perdu, Ah! si vous n'avez pas compris sa paternité, voyez ses larmes et reconnaissez qu'il est père.

Faut-il l'avoir conservé dans l'exil pour le perdre dans la patrie? et il éveillait les échos de la nuit de cet appel désespéré : Jésus! et la nuit gardait son silence. Il fouille les recoins de la ville à la recherche de cet enfant, qui ne donne que des tourments et le trouve, après trois jours de recherches douloureuses, inaugurant son apostolat au milieu des docteurs d'Israël.

O mon Fils, dit la Vierge, votre père et moi nous vous cherchions tout en larmes. « *Pater tuus et ego dolentes quærebamus te.* »

Je dis « votre père », et je ne fais point de tort à la pureté de votre naissance, il s'agit d'inquiétude et de soucis, et, par là, je puis bien dire qu'il est père. « *Pater tuus et ego dolentes quærebamus te.* »

Eh! nous le savons trop, que malgré les prodiges de votre zèle, l'activité de votre dévouement pour l'enfant, quand vous aurez péniblement manœuvré son esquif dans la passe terrible de l'école sans Dieu, trop souvent c'est lui-même qui s'arrachera de vos mains, non pas pour aller prêcher le royaume de Dieu dans l'assemblée des docteurs, mais pour aller dans les conciliabules de l'impiété apprendre la science du mensonge et du vice de la bouche des docteurs ès licence et irréligion. Mais il en est d'autres qui se sont imposé la mission périlleuse de poursuivre celui que vous aviez arraché aux périls de l'enfance, pour le voir se précipiter lui-même dans ceux plus terribles de la jeunesse. Je dis : Il en est d'autres, comme si je ne savais pas que, si ce sont deux œuvres distinctes, ce sont les mêmes hommes qui se dédoublent. Comme si je ne savais pas que les héros du dévouement chrétien sont ceux dont parlait le maréchal Bugeaud : « Ce sont toujours les mêmes qui se font tuer. »

Ceux que nous avons rencontrés sur la route d'Egypte dérobant l'enfant au décret d'Hérode, nous les avons bien reconnus, à travers Jérusalem, le cherchant quand il était perdu, et toujours avec le même mot d'ordre : « *Accipe* « *puerum.* » Sauvons l'enfant!

Merci à tous, de par Dieu. Le Bienheureux Jean-Baptiste de La Salle vous attend là-haut avec une couronne. Ne savez-vous pas que ce sont les saints qui jugeront de nos œuvres terrestres? « *An nescitis quoniam sancti de* « *hoc mundo judicabunt?* »

Merci! ne l'entendez-vous pas interrompre les hymnes de l'éternité pour vous crier à tous : Merci! Courage! Espérance! Espérance, car l'ange qui est venu dans une nuit de tristesse secouer le sommeil tranquille du patriarche Joseph et le pousser sur la route d'exil avec ce mot : « *Ac-* « *cipe puerum et vade* », reviendra bientôt dans une nuit de bonheur éveiller le patriarche avec le même mot : « *Accipe puerum et vade* ».

Lève-toi, dira-t-il, Hérode n'était pas immortel et il est mort. Archélaüs lui succède. Le soleil se remet à sourire dans la tempête apaisée. Ceux qui réclamaient en maîtres l'âme de l'enfant sont morts. Ils ont passé comme des ombres orgueilleuses qui s'étaient crues des réalités. « *Defuncti sunt enim qui quærebant animam pueri.* »

Lève-toi, prends l'enfant et va! « *Accipe puerum et* « *vade* », mais ce n'est plus : « *vade in terram Egypti* », va en Egypte, mais « *in terram Israel* », dans la paix prochaine de notre Israël enfin tranquille, de notre France, enfin désanchantée de ses folies, et puis dans l'Israël éternelle, où notre compagnon du rude voyage sera devenu notre compagnon de félicité.

Ainsi soit-il.

***

Le samedi 23 juin, second jour du Triduum, commence, comme le vendredi, par une messe basse. C'est M. Ginon, chanoine honoraire, curé-archiprêtre de la paroisse Saint-Joseph, qui doit la dire.

Aux élèves du Pensionnat-Externat Saint-Joseph, l'honneur de la sainte Communion. Vers six heures et demie, ils prennent place au chœur qu'ils occupent tout entier.

Des congrégations religieuses avec leurs élèves, beaucoup de pieux fidèles sont rangés dans la nef principale.

On dirait que le recueillement du premier jour est dépassé; on se sent en présence d'une jeunesse formée à une piété tendre et forte, parce qu'elle est éclairée. L'atmosphère n'a plus rien de terrestre; un souffle divin semble passer sur l'assistance; les âmes sont à Dieu.

Des chants doux et suaves, comme ceux des anges dans le ciel, montent vers les voûtes du sanctuaire. Ce ne sont pas les mêmes voix qu'hier, mais c'est la même mélodie, une mélodie qui remue délicieusement tout ce qu'il y a de religieux en nous. C'est la maîtrise qui continue de payer son riche tribut aux fêtes du Bienheureux.

Ces enfants avaient communié hier, et les élèves du Pensionnat avaient chanté leur bonheur. Aujourd'hui, ces derniers sont au banquet et les heureux de la veille font, à leur tour, entendre leur cantique d'amour et de reconnaissance.

A l'offertoire, le célébrant monte en chaire. Le prédicateur expose d'abord que dans les grands festins qui accompagnent les fêtes de famille, à côté de la table des invités auxquels on veut faire honneur, il y a la table des enfants : c'est à cette table qu'il convie ses jeunes auditeurs. Il leur demande de profiter soigneusement à leur tour du festin de la parole de Dieu, et d'examiner avec lui ce qu'ils doivent faire pour correspondre aux vues du Bienheureux Jean-Baptiste de La Salle, et au dévouement de ses disciples qui sont leurs maîtres.

Présentement l'attention publique s'exerce sur eux avec indulgence, on n'exige pas beaucoup du présent, parce qu'on escompte l'avenir; mais le moment viendra où on leur demandera leur fruit, comme au grain ensemencé on demande les épis.

On leur demandera sans doute d'être instruits et bien élevés, bons pour tous ceux qui souffrent, patients, et généreux, ardemment dévoués à la patrie; mais on leur demandera surtout d'être chrétiens. Après Dieu, leurs pères, leurs mères, leurs instituteurs, les protecteurs si dévoués des Ecoles chrétiennes seront les premiers à attendre d'eux les vertus chrétiennes. Elles sont en effet l'honneur des familles, la récompense des maitres, le vœu le plus ardent des pasteurs des âmes et la garantie de l'ordre social, elles sont par-dessus tout le fruit que Dieu a le droit d'attendre de sa grâce.

Mais il en est d'autres encore qui leur demanderont compte de leur éducation chrétienne; ce sont précisément les adversaires actuels de cette éducation-là, ceux qui se sont donné la mission de faire oublier Dieu, et ceux qui, d'une manière plus ou moins inconsciente, se prêtent à cette œuvre funeste. A côté des jeunes gens ou des hommes qui, tout en grandissant ou en vivant en dehors des principes religieux, bénéficieront de l'héritage de quatorze siècles de christianisme, et seront chrétiens de fait sans le savoir, il y aura ceux qui tireront les conséquences logiques de l'éducation sans Dieu. Ceux-là seront peut-être bientôt les plus nombreux, et il est permis de se demander si l'ordre social à ce moment restera suffisamment affermi, s'il n'y aura pas, de ce chef, un grand danger pour tous, même pour ceux qui auront contribué à amener cet état de choses.

Et alors, si l'éducation religieuse n'avait pas porté ses fruits dans les âmes des privilégiés qui la reçoivent, où serait le salut? Et comment pourrait-on répondre à ceux qui demanderaient en vain la semence chrétienne, là où on a le droit de la chercher? A ceux qui demanderaient en vain, au milieu des tendances corruptrices, le sel préservateur dont parle le saint Evangile? à ceux qui demanderaient en vain, au milieu des ténèbres de l'erreur et de la perversité, la lumière de la foi chrétienne, et plus encore des vertus chrétiennes?

Il faut donc que les élèves des Frères aient dès leur enfance la sollicitude, le souci d'acquérir les solides vertus qu'on réclamera d'eux plus tard comme dans le naufrage on réclame une planche de salut. Pour cela, qu'ils soient avant tout dociles. A leur âge, la docilité comprend presque toutes les qualités et tous les mérites. Lorsqu'elle leur coûtera, qu'ils s'adressent à leur saint Protecteur ; ils obtiendront par son intercession que, soit maintenant, soit plus tard, leurs œuvres rendent témoignage à l'éducation qu'ils reçoivent.

A neuf heures, la grand'messe doit être célébrée par M. le chanoine Debut, doyen du chapitre. Déjà les cloches font entendre leurs solennelles volées. Les fidèles se pressent. Dans la rue Très-Cloîtres, un grand mouvement se produit : une longue file d'enfants paraît, musique en tête. C'est le pensionnat Saint-Joseph, au complet, qui se rend à l'église. La fanfare de l'établissement ouvre la marche. Ces nombreux élèves, endimanchés et défilant avec une discipline toute militaire, forment un cortège imposant. Les spectateurs sympathiques à cette belle jeunesse forment la haie de chaque côté du parcours.

A neuf heures moins quelques minutes, la fanfare, placée dans la chapelle de la Sainte-Vierge, joue un morceau d'entrée. Son exécution est brillante, ferme et sûre; les sons pleins et nourris se répercutent sous les voûtes de l'église et retombent sur l'assistance comme un flot d'harmonie qui vient du ciel. La messe commence. La partie musicale est exécutée par les élèves du pensionnat Saint-Joseph. Ils ont brillamment interprété la belle composition d'un de leurs maîtres. Les voix, un peu surprises au début, se sont vite raffermies.

Le *Kyrie*, le *Gloria*, le *Sanctus*, l'*Agnus* ont été très bien rendus. Le *Sanctus* et l'*Agnus* nous ont paru l'emporter sur les autres parties pour le fini de la composition et la richesse des accords. L'*Hosanna* fait songer au chant des anges sur la grotte de Bethléem. L'*Agnus* arrache des larmes de repentir d'avoir offensé l'Agneau si doux ; il donne un ton de touchante supplication à la prière qui demande miséricorde.

Quels angéliques accents que ceux exprimés par cette voix si pure qui, par intervalles, s'élève seule dans une prière sublime, redescend ensuite et vient chercher le secours d'autres voix plus puissantes pour s'élever de nouveau vers ce Dieu qu'elle voudrait glorifier dignement, implorer efficacement!

La fanfare s'est fait entendre à l'offertoire et à la sortie ; elle a fait plus, elle s'est fait écouter.

Dans l'après-midi, à deux heures, la cathédrale voit tout à coup un bien intéressant spectacle. En un instant, elle est remplie par une foule enfantine. Ce sont les élèves des Sœurs de la Providence et de l'Asile catholique. Aimable et gracieuse phalange, qui vient entourer le trône du Bienheureux, offrir ses naïfs et sincères hommages, demander des bénédictions. Les enfants, en se retirant, passent devant la vénérable image, et chaque petite fille y dépose le bouquet de fleurs qu'elle tenait à la main. Pieux et poétique tableau auquel le ciel ravi a dû sourire, et qui touchait jusqu'aux larmes ceux qui en étaient témoins! « *Ex ore infantium et lactentium perfecisti laudem.* » Cette louange du Bienheureux sortant de la bouche des enfants, n'est-elle pas un incomparable panégyrique!

A la cérémonie du soir, toujours même affluence et même respect dans le lieu saint.

Les admirables et sympathiques artistes du cercle Saint-Laurent redisent, de leurs belles et puissantes voix, l'*Iste confessor* et la superbe cantate « *O noble France!* » qui nous fait éprouver les mêmes frémissements de bonheur qu'hier, parce qu'elle est exécutée avec le même entrain, la même perfection.

C'est un fils de saint Ignace, le R. P. Descamp, supérieur de la maison de Lyon, qui va louer le Bienheureux.

Le R. Père ne s'est pas contenté de faire le portrait du Bienheureux de La Salle, il a taillé sa statue dans le marbre, à la façon de Michel-Ange. Il nous l'a montré luttant souffrant, humilié, abandonné même par ses amis, combattant à outrance l'hérésie de Jansénius, et calomnié par ceux mêmes qui auraient dû le consoler et le soutenir.

Voici d'ailleurs un résumé succinct de cet admirable discours :

Le Père Descamp prend pour thèse de son éloge du Bienheureux Jean-Baptiste de La Salle, la force dans la faiblesse, et, empruntant son cadre à l'apôtre saint Paul, il met sur les lèvres du Bienheureux cette parole du grand docteur : « *Cùm infirmor, tunc potens sum.* »

Jean-Baptiste de La Salle, fort, selon le monde, par sa famille, sa fortune, sa science, les espérances fondées d'un avenir brillant, a dû s'affaiblir en se dépouillant de tout cela; bien plus, se dépouillant lui-même de sa liberté, il se donne à une nouvelle famille dont il sera le père, il est vrai, mais pour la mieux servir et avoir la facilité de se mettre, par son humilité, sa charité, le dernier de tous.

Le tableau que fait saint Paul des épreuves par lesquelles il a plu à Dieu de le faire passer pour l'établir dans cette force surnaturelle qui triomphe de tout, le Père en fait l'application au Bienheureux, qui, lui aussi, a rencontré la série de ces travaux, de ces périls de tous genres que le grand docteur énumère dans sa seconde épître aux Corinthiens.

Le grain de froment jeté en terre doit disparaître et mourir, pour porter son fruit ; Le Bienheureux de La Salle est assez broyé, assez anéanti, assez mort à tout et à lui-même, pour faire l'œuvre de Dieu. Le grain de froment va germer, la moisson sera belle.

Après cet exposé de la faiblesse selon sa nature, le Père va faire ressortir sa force selon Dieu. — Il le fait en montrant son héros à l'œuvre, dans la fondation de l'Ecole chrétienne.

L'Ecole chrétienne, œuvre grandiose, à en juger par les difficultés de l'entreprise, par son importance intrinsèque et les admirables et solides assises sur lesquelles le Bienheureux Jean-Baptiste de La Salle l'a établie.

L'école est le prolongement du foyer domestique et du sanctuaire divin : le Maître doit continuer l'œuvre de formation commencée par le Père, la Mère, le Prêtre, les premiers précepteurs de l'enfant.

Le Bienheureux de La Salle a très bien compris l'Ecole, il crée des Maîtres qui auront, avec la science et les méthodes, ce qui est indispensable dans ce rude labeur de l'éducation : le dévouement.

Le frère des écoles chrétiennes sera, sur le banc de la classe, ce qu'est le soldat sur le champ de bataille, la sœur de charité au chevet du malade, le prêtre sur tous les théâtres de la charité, au besoin, le martyr sur son bûcher.

Réaliser cette œuvre, l'établir d'une manière durable, et lui donner la facilité de s'étendre et d'embrasser le monde tout entier, tout cela demandait une force plus qu'humaine, surtout si l'on n'a pas oublié le manque absolu de secours humain. Jean-Baptiste de La Salle a possédé cette force, il fera cette œuvre de conquérant.

En finissant, le Père invite les enfants des Ecoles chrétiennes à prier pour le Pontife suprême, qui vient de glorifier leur Père ; pour Monseigneur l'Evêque du diocèse, qui favorise l'œuvre des écoles avec tant de zèle ; pour leurs parents, les bienfaiteurs de l'école chrétienne ; pour les persécuteurs de l'école chrétienne ; pour leurs camarades des écoles où il n'y a plus ni le crucifix, ni la prière, ni le catéchisme. Que le Bienheureux Jean-Baptiste de La Salle entende les voix innocentes, et nous rende pour tous l'œuvre qu'il a fondée : l'Ecole chrétienne.

***

Nous sommes au Dimanche 24 juin.

C'est le dernier jour du Triduum ; c'est aussi le plus solennel : il coïncide avec la fête du saint Précurseur, patron du Bienheureux.

La cathédrale ne désemplit pas. Le matin, à six heures et demie, elle reçoit les élèves des écoles catholiques qui viennent assister au saint Sacrifice. Tous ces enfants, en habits de fête, le visage radieux, l'air recueilli, écoutent avec attention la parole que leur fait entendre M. Pellet, curé de la Cathédrale. Dans une rapide allocution, le prédicateur félicite son auditoire d'enfants d'avoir acclamé depuis trois jours la mémoire du Bienheureux de La Salle, et demande à ceux qui l'écoutent de payer une fois de plus au Saint qu'ils honorent, le double tribut de l'admiration et de la prière.

C'est un tribut qu'ils lui doivent, pour les grandes choses qu'il a faites en ce monde.

C'est un tribut qu'ils lui doivent aussi, pour la protection toute céleste qu'il voudra bien répandre sur eux, au milieu des jours difficiles que nous traversons à l'heure présente.

M. le Curé de Notre-Dame a terminé son allocution en faisant appel à son auditoire tout entier, l'adjurant de tomber à genoux devant l'image du Bienheureux et de réclamer son intercession auprès de Dieu en faveur des disciples qu'il a laissés parmi nous, en faveur de l'œuvre qu'il a fondée, et de ces écoles chrétiennes qu'il a multipliées partout.

Cet appel sera entendu, il l'espère. On priera de toutes parts, et, grâce à l'intervention du Bienheureux de La Salle, le Père des miséricordes qui permet l'épreuve aujourd'hui donnera le succès pour demain, avec des jours meilleurs.

La messe pontificale avait été annoncée pour dix heures. Bientôt les nefs de la cathédrale sont de nouveau envahies et la foule se montre de plus en plus désireuse de prendre part à ces cérémonies.

Les élèves du Grand Séminaire qui doivent chanter la messe se sont placés à l'orgue. C'est de là que descendent des voix puissantes, chœur imposant, bien fait pour interpréter le plain-chant de l'Eglise dont la majestueuse gravité convient si bien à nos cérémonies religieuses et à nos temples chrétiens.

Comment parler maintenant de l'incomparable fête de l'après-midi et surtout de l'admirable discours de Mgr de la Passardière ? Dirons-nous que l'Evêque s'est surpassé? Mais on se souvient des triomphes apostoliques qu'il remportait au milieu de nous chaque fois qu'il montait en chaire. Cependant, les auditeurs de dimanche dernier avoueront avec nous, que l'orateur a été magnifiquement inspiré, et que son discours qu'une froide analyse ne pourrait que décolorer a successivement instruit, édifié, charmé, enthousiasmé : Jean-Baptiste de la Salle a reçu une mission de Dieu — il a rendu témoignage à Celui qui l'avait envoyé — Dieu a glorifié son serviteur : trois pensées qui ont été développées avec la science d'un docteur, l'éclat d'une splendide parole, la foi et la piété d'un apôtre.

Monseigneur nous a fait entrer dans la vie intime du Bienheureux. Il nous a montré, dans un émouvant récit plein d'intérêt, les admirables voies de Dieu dans la sanctification d'un saint et l'établissement d'une œuvre. Jean-Baptiste de la Salle n'a pas tout à coup la claire vision de sa grande mission. Il y est conduit petit à petit par les circonstances : un sacrifice en demande un autre : un premier renoncement en attire un second. Aussi le Bienheureux laisse-t-il échapper des aveux comme celui-ci : Si j'avais su ce que j'entreprenais, je n'en aurais pas eu le courage. Cette vie a le cachet de la perpétuelle contradiction. Chose étrange ! le fondateur d'une œuvre paraît presque toujours être le plus grand obstacle à son développement ! Il a des ennemis partout. On lui suscite une multitude de procès qu'il perd tous, devant toutes les juridictions. Toutefois, reprend spirituellement l'orateur, il en gagne un : celui de sa béatification.

Après avoir tracé la vie du Père, Mgr Jourdan de la Passardière raconte celle des fils. C'est une vie dure à la nature que celle d'un Frère des Ecoles chrétiennes ! c'est le renoncement continuel, c'est l'humilité, c'est la patience, c'est la voie de toutes les vertus et de tous les héroïsmes. Il est l'ami du peuple, de l'enfant pauvre, de l'ignorant, de là ce nom honorable et dont on veut faire une injure : ignorantin, le bienfaiteur des ignorants. Ce nom est glorieux, car c'est le Christ lui-même qui l'a d'abord prononcé.

Il fut magnifique ce passage du discours montrant le

Bienheureux, au terme de sa carrière et sur le point de mourir, recevant de son Maître, comme une suprême récompense, la consolation de contempler, dans une heureuse vision, son œuvre florissante et ses nombreux fils.

Mais Dieu donne aux Saints une gloire plus durable et plus vraie que celle d'ici-bas : la gloire éternelle. L'Eglise a donc exalté le prêtre modeste et sacrifié : elle l'a placé sur les autels et, devant lui, à genoux, dans la confiance et la reconnaissance, les catholiques du monde entier, mais en premier lieu, ceux de notre patrie adressent cette supplication : *Bienheureux Jean-Baptiste de La Salle, priez pour nous !*

Nous regrettons bien vivement de ne pouvoir donner en entier le si beau discours de Mgr de Roséa. Hélas ! il ne nous a été que montré ; à peine tombé des lèvres de Sa Grandeur, il a repris le chemin du ciel, sa seule vraie patrie, et nulle puissance humaine capable de l'en faire descendre (1).

En terminant, Mgr de Roséa s'adresse à Mgr Fava et lui rappelle les souvenirs de sa consécration épiscopale.

Mgr Fava se lève alors et répond :

« Vous me provoquez à prendre la parole par les choses touchantes que m'adresse votre cœur rempli envers moi de piété filiale : je suis en effet votre père dans l'épiscopat, vous ayant sacré à la Grande-Chartreuse en un jour à jamais béni.

« Votre parole m'a rendu heureux, elle m'a ravi ; et je suis sûr d'interpréter les sentiments de cet immense auditoire en m'exprimant ainsi.

(1) A Reims, comme à Grenoble, les instances les plus pressantes ont été faites pour obtenir de Mgr Jourdan de la Passardière quelques-uns de ses beaux discours. Tous les efforts ont été vains. Que cette note soit notre excuse auprès des personnes qui s'étonneront de ne pas trouver dans cette brochure le discours qui en eut fait le plus grand attrait.

« J'avais rêvé de vous garder auprès de moi, pour m'aider de votre collaboration. A peine avais-je vu se réaliser un moment ce rêve, que l'excellent cardinal de Lyon me priait de vous donner à lui, et quand il disparut, Son Eminence, le Cardinal Lavigerie, ne tarda pas à vous ravir aussi à moi pour vous conduire au pays d'Augustin, le docteur dont vous vous plaisez à redire le lumineux enseignement.

« Que Dieu soit béni ! Vous évangélisez les Africains qui me sont chers, et que j'ai instruits moi-même pendant vingt-cinq ans, à Bourbon et à la Martinique : le fils remplace le père.

« A votre tour, vous traversez les déserts sous le soleil de l'Afrique, pour chercher la brebis égarée et apprendre aux tribus errantes à aimer Dieu et la France ; vous vous lassez dans ces pénibles labeurs, mais c'est pour l'amour de Jésus-Christ.

« Merci d'être revenu auprès de nous et de nous avoir tous édifiés en nous révélant une fois encore les trésors que le Seigneur a mis en vous avec tant d'abondance, en nourrissant nos âmes du grand enseignement donné aux hommes par Jean-Baptiste de La Salle, si semblable à Jésus-Christ, divin Exemplaire de tous les hommes.

« Merci aussi, à toutes les personnes qui ont donné à notre Triduum la splendeur qui en sera pour nous un souvenir ineffaçable, impérissable dans nos cœurs. Actions de grâces soient rendues à nos chers prédicateurs qui, eux aussi, nous ont édifiés et charmés.

« Actions de grâces à nos musiciens qui ont élevé nos âmes à ces régions où l'on goûte quelque chose des joies surnaturelles.

« Actions de grâces aux chers Frères qui ont déployé dans cette circonstance un zèle au-dessus de tout éloge pour exciter la piété de leurs enfants et des fidèles, pour décorer notre église cathédrale d'une manière superbe.

« Actions de grâces à l'assistance qui, matin et soir, remplissait ces nefs ; merci aux foules chrétiennes que l'on voyait ici, sans cesse agenouillées et priant avec une ferveur touchante.

« Merci à tous.

« Puisse notre Bienheureux, après avoir prié pour le Chef de l'Eglise et tout le peuple chrétien, obtenir que l'ordre et la paix nous soient rendus ! Que le Christ qui aime les Francs, et sa sainte mère, l'auguste Marie, apaisent les tempêtes, détournent les orages, et fassent que les nations, la nôtre en particulier, reviennent à l'Eglise pour écouter l'Esprit de Vérité qui parle par elle, pour conduire âmes et sociétés à Jésus-Christ, qui seul, est la résurrection et la vie. »

Les chants reprennent aussitôt sur le ton solennel de tous les exercices de cette belle journée.

C'est d'abord l'*O Salutaris*, de Lefébure-Wely, dit par cette voix pure et vibrante qui nous a fait tressaillir tant de fois durant les cérémonies du Triduum, alors que, dans les divers chants exécutés, elle partait vive et gracieuse, interprétant à ravir les magnifiques inspirations du génie musical. Mais ici où l'inspiration sublime du compositeur règne du commencement à la fin, d'un bout à l'autre aussi, le gracieux soliste semble planer entre le ciel et la terre avec toutes les âmes de cette vaste assemblée où se fait jusqu'au silence de la respiration, pour ne rien perdre de tant de jouissances à la fois. La foule prosternée devant le Dieu qui va la bénir, est encore toute saisie par les émotions d'une aussi mélodieuse prière, quand un autre chant succède, s'harmonisant avec les notes de l'instrument qui loue le Seigneur dans le lieu saint. Ce sont les accents d'une voix mâle, souple, puissante et d'une ample étendue. Elle chante l'*Ecce panis angelorum* et exprime avec une exquise délicatesse tous les sentiments que renferme l'hymne sacrée de la sainte liturgie.

Puis la chorale du Grand Séminaire placée à la tribune de l'orgue, entonne les strophes de l'hymne au Saint Sacrement. Le chœur qui chante ces strophes immortelles, interprète magnifiquement ces grandes et fortes compositions de l'art sacré.

Enfin le *Te Deum* résonne sous les voûtes de la cathédrale et redit au ciel les chants de la terre acclamant le Dieu éternel de qui vient toute gloire et qui est admirable dans ses saints.

Les grandes fêtes du Triduum se sont terminées au pensionnat-externat Saint-Joseph par une soirée musicale, artistique et littéraire. Le mouvement pour toutes ces solennités était parti de cet établissement, par l'action entraînante de son dévoué directeur, le cher Frère Reméżide. Il était juste que là aussi le dernier bouquet fut offert au Bienheureux, devant sa statue illuminée, pour la consolation et l'encouragement des maîtres et des élèves.

A cette fête présidée par Mgr Fava, assisté de Mgr Rozier, de M. le Curé de la cathédrale, de M. Périer, président de la Société anonyme grenobloise pour le développement de l'enseignement libre, de M. Faure, président de la Société des anciens élèves des frères, de nombre d'ecclésiastiques et de plusieurs bienfaiteurs et bienfaitrices de l'Œuvre, avaient été invités les parents et amis des élèves.

Tels sont l'attrait et la sympathie qu'inspirent les représentations données par le Pensionnat au profit de l'orphelinat qu'à chaque séance il est impossible de recevoir tout le monde faute de place. Cette fois encore la vaste et belle salle, récemment construite, n'a pu contenir la foule accourue à une soirée exclusivement consacrée au héros du jour.

La musique instrumentale, sous l'habile direction de M. Roux-Saget, son professeur, a ouvert la fête par une fantaisie fort goûtée.

Les magnifiques vers de M. Henri de Bornier, dédiés

au bienheureux de La Salle, ont été récités par un élève avec beaucoup de délicatesse et d'entrain.

Des élèves portant les costumes de tous les pays où les Frères ont des établissements, sont venus tour à tour, par un débit dialogué du plus piquant attrait, rendre hommage au glorieux Fondateur des Ecoles chrétiennes (1). Un chœur, *la Séparation des Apôtres*, pour voix d'hommes, a été habilement exécuté par les membres du cercle Saint-Laurent, auxquels s'étaient joints quelques anciens élèves des Frères.

Un intermède musical a été exécuté par M. Martin-Chazaren, un artiste de grand mérite et, ce qui vaut mieux encore, un homme de grand cœur qui ne marchande ni son temps ni son talent pour toutes les œuvres de charité.

A un compliment en vers fort bien tournés (2), récités par un élève, Mgr Fava, dont le cœur de père ne laisse échapper aucune occasion d'épancher ses sentiments affectueux, a prononcé une charmante allocution sur l'esprit de sacrifice.

Il a développé, avec un rare bonheur, cette pensée généreuse et éminemment chrétienne : Qui n'a pas souffert n'a jamais su aimer.

Il a fait ensuite un chaleureux appel à la charité des assistants en faveur de la future chapelle des Frères.

Au sortir de la séance, les bâtiments étaient brillamment illuminés. La statue en fonte, don généreux de Mme ***, exposée pour la circonstance sous les platanes de la cour, était enguirlandée de flammes de toutes couleurs.

Tout, enfin, s'est terminé par un brillant feu d'artifice et le vif éclat d'une multitude de flammes du Bengale aux couleurs les plus variées.

Grenoble, reconnaissant, peut dire maintenant au Bien-

(1) Voir à la fin du compte-rendu : *Dialogues enfantins*, etc.
(2) Voir à la fin du compte-rendu.

heureux de La Salle : Vous avez été à la peine quand, dans nos murs, pauvre, mais riche de tendresse, vous instruisiez les enfants du peuple ; il était juste que vous fussiez à l'honneur, dans cette même cité, et c'est pourquoi, grands et petits, riches et pauvres, nous sommes venus à vos pieds vous saluer dans nos prières ardentes et nos chants de triomphe. La fonction du prêtre, nous disait votre illustre panégyriste, est de bénir : que vos bénédictions fécondes rendent fidèles et prospères cette ville chrétienne et ce beau diocèse! En nous prosternant au pied de vos autels et en contemplant votre rayonnante image, nous nous rappellerons cette parole de nos saints Livres : *Hic est fratrum amator populi Israel; hic est qui multum orat pro populo et universa sancta civitate* : *C'est un ami de ses frères de la terre : il prie beaucoup pour le peuple et pour la cité.*

Ces fêtes du Triduum ont recommencé pour quelques heures, le dimanche 8 juillet, dans la chapelle des Frères, au Pensionnat Saint-Joseph.

M. l'abbé Fava, missionnaire apostolique, aumônier de l'établissement, était appelé à payer son tribut de louange au Bienheureux. Il l'a fait de manière à captiver, pendant une heure, l'attention de son jeune auditoire et des personnes venues pour cette fête de famille. Nous avons la bonne fortune de pouvoir reproduire, *in extenso*, cette parole remplie de hauts, pieux et pratiques enseignements. C'est vraiment *le panégyrique de la jeunesse*, comme l'orateur le disait en commençant. Les élèves qui l'ont entendu seront heureux de le retrouver ; les personnes qui pourront au moins le lire nous en seront certainement reconnaissantes.

Magna gloria est sequi Dominum.
La fidélité à la loi de Dieu est la source d'une grande gloire.
(Eccl. XXIII, 38.)

CHERS ENFANTS,

Je ne veux d'autre preuve de la vérité des paroles que je viens de citer, que le spectacle offert, en ce moment, par la France et le monde catholique tout entier. Un homme, un prêtre, le fondateur du glorieux Institut auquel vos maîtres ont l'honneur d'appartenir, attirait, depuis quelque temps, l'attention du Chef de l'Eglise et des augustes Pontifes qui rehaussent l'éclat de son trône. Après un examen approfondi de sa vie, de ses œuvres, de ses miracles, le jugeant digne d'être placé sur les autels, ils le proclament *Bienheureux*. Aussitôt, on se met à l'œuvre pour fêter dignement le nouvel élu du Seigneur. Des Triduums en son honneur sont organisés dans presque toutes les grandes villes. Les bras des artistes se fatiguent à reproduire, sur la toile ou sur la pierre, les traits du héros de la foi. Nos cathédrales, nos grandes basiliques prennent leurs plus beaux ornements de fête, et leurs vastes nefs voient se presser, plusieurs fois par jour, la foule des grands et des petits, accourue pour chanter les louanges du Bienheureux et applaudir au récit de ses vertus. Pourquoi ces fêtes, ces chants de joie, ces éloges des princes de la parole? D'où vient à Jean-Baptiste de La Salle cette auréole de gloire qui brille autour de son front?... Vous avez déjà répondu : Jean-Baptiste de La Salle n'est tant acclamé sur la terre que parce qu'il a été un saint, et les couronnes que nous nous plaisons à lui tresser ici-bas sont bien pauvres, malgré tous nos efforts, auprès de celles dont Dieu orne sa tête dans le ciel. C'est donc une vérité que l'on se prépare une grande gloire en obéissant à Dieu, en devenant un saint.

Mes enfants, beaucoup d'entre vous n'ont pas entendu les panégyriques du Bienheureux prononcés dans l'église Cathédrale, je veux leur apporter un léger, très léger dédommagement, mais tout le dédommagement que je puis leur offrir, en disant ici quelque chose à sa gloire. Aussi bien, ayant l'honneur d'être aumônier d'un important établissement des Frères des écoles chrétiennes, je regarde comme un devoir d'apporter ma faible note au concert de louanges qui s'élève de partout vers leur illustre fondateur. Ce sera, si vous le voulez, après les panégyriques des maîtres et de l'âge mûr, le panégyrique des élèves et de la jeunesse. Nous y apprendrons,

I. — En quoi consiste la sainteté?

II. — Comment Jean-Baptiste de La Salle devint un saint?

III. — Comment nous le deviendrons nous-mêmes?

O Jésus-Christ! auteur de cette nouvelle génération d'hommes autrefois inconnus à la terre, la gloire des siècles chrétiens, qu'on appelle les Saints, daignez allumer dans nos cœurs un vif désir d'entrer dans cette légion, la légion des vrais héros de l'humanité!

I

La sainteté consiste dans la conformité de tout l'être humain à la volonté divine. Dieu, qui ne laisse rien au hasard, qui a tout fait avec poids, nombre et mesure, qui a réglé d'une manière si admirable la marche des astres, des saisons, et jusqu'à la structure de la plus petite fleur de nos champs, Dieu qui est la Sagesse par essence en même temps que la Puissance infinie et la Bonté même, ne pouvait pas appeler l'homme à l'existence et le lancer, sans règles, dans la vie, comme un navire sans gouvernail.

L'homme, je le veux bien, est libre ; il pourra, à la différence des autres créatures, s'écarter du chemin tracé devant lui par la main du Créateur ; mais alors, il sortira de l'ordre et sera comme un météore errant tristement dans l'espace. Il a reçu sa liberté pour apporter librement sa coopération à l'œuvre providentielle, et faire ainsi la source de ses mérites de ce qui était déjà la cause de sa véritable grandeur. Il ne sera agréable aux regards de Dieu ; il ne sera beau ; il ne sera grand ; il ne sera saint qu'autant qu'il accomplira fidèlement la volonté de Dieu sur lui. Le plus parfait et le plus saint d'entre les hommes, Jésus-Christ lui-même, ne faisait-il pas consister toute sa perfection et toute sa sainteté dans l'accomplissement fidèle de la volonté de Dieu ? « Je ne suis pas venu, disait-il, pour faire ma volonté, mais celle de mon Père qui m'a envoyé. » Voilà ce que chacun de nous doit se dire : je ne suis pas en ce monde pour faire ma volonté, mes caprices, ou me leurrer en me forgeant des lois à ma guise ; les lois auxquelles je dois me soumettre sont toutes faites ; les principes qui doivent diriger ma vie me sont nettement indiqués par Celui qui a sur moi les premiers droits, par Dieu, auteur de mon être tout entier.

Les volontés divines sur l'homme nous sont connues par la conscience, qui est l'écho, en nous, de la voix de Dieu. Elles nous sont connues encore, et précisées avec la dernière clarté, par les révélations successives, venues du ciel, et surtout par la révélation de Jésus-Christ, qui est l'apogée et le dernier terme de toutes les précédentes. Or, je puis dire que l'expression de la volonté de Dieu, connue par ces voix diverses, c'est tout ce qui est vrai, tout ce qui est beau, tout ce qui est bien ; tout ce qui est grand, tout ce qui est noble, tout ce qui est généreux ; tout ce qui nous fait sacrifier nos passions à la vertu, nos intérêts au devoir, notre vie même à la défense de la justice et de la vérité ; c'est, en un mot, tout ce qui porte sur la terre le cachet du divin. Ceux-là seuls qui n'ont pas lu nos Livres saints, qui n'ont jamais pris la peine de faire une étude sérieuse des vérités de la religion, en peuvent douter. S'ils s'étaient mis en face de cette doctrine, sublime dans tout ce qu'elle enseigne comme dans tout ce qu'elle prescrit, s'ils l'avaient méditée souvent, s'ils avaient fait appel aux lumières et à la force d'en-haut, si alors, ce point est capital, ils s'étaient senti dans le cœur assez de courage pour s'élever jusqu'à elle par la pratique, oh! soyez-en certains, ils l'auraient admirée, trouvée incomparable, véritablement divine. Leur impuissance à se mesurer avec elle est toujours la seule cause de leurs blasphèmes. C'est le dépit qui parle par leur bouche, et non pas la raison.

A l'encontre de ces hommes, vrais pigmés de la vie morale, le saint est le chrétien qui, fidèle à la grâce, s'est mis en face de cet idéal tracé par la main de Dieu; qui l'a trouvé grand, magnifique, vraiment désirable; qui s'est épris d'amour pour lui, et en a fait l'objet de toutes ses pensées, le but unique de ses persévérants efforts. Autour de lui, quand on le voyait passer, touchant à peine la terre de ses pieds et les yeux sans cesse tournés vers le ciel, on s'apitoyait sur son triste sort. Au nom de l'humanité, on voulait le forcer à s'arrêter, à approcher ses lèvres de certaines coupes qui recélaient seules, disait-on, le vrai bonheur, à tremper dans certaines affaires injustes, mais conditions indispensables, disait-on encore, de la réussite et de la fortune. Mais lui, dédaignant ces maximes d'un monde pour lequel il n'avait que de la pitié et des prières, restait inébranlable au milieu d'hommes prosternés devant l'idole, quelle qu'elle fût, de leur âge, et poursuivait sans peur et sans reproche sa glorieuse ascension. Du reste, pour avoir fait le sacrifice des joies illicites auxquelles on le conviait perfidement, il n'en était pas plus malheureux. Le maître qu'il servait si généreusement savait le dédommager. Il versait dans son âme, à la place de vils plaisirs ne laissant que honte et remords, les flots d'une joie saintement enivrante et se renouvelant sans cesse; il faisait briller devant ses yeux, pour exciter en lui de nobles convoitises, au lieu de richesses de boue, acquises au prix de l'injustice, les richesses infiniment plus précieuses de la vertu; il lui laissait entrevoir, par-delà ce monde qui passe, une demeure étincelante de lumière pour ceux qui l'auraient cherché à travers les ténèbres de cette vie. Parfois, sans doute, en dépit de ces consolations qui dépassent tout ce que le monde peut offrir, le serviteur de Dieu trouvait le chemin rude, étroit, glissant; il manquait de perdre pied; peut-être même faisait-il des chutes. Mais, sans laisser le découragement envahir son âme, il criait vers son Dieu, le suppliait d'avoir pitié de sa faiblesse, de lui tendre la main, et se relevait pour reprendre, avec un nouveau courage, sa marche en avant.

Une si généreuse ardeur méritait le succès. Cet homme est arrivé au terme de sa course. Il a laissé loin, bien loin derrière lui, le monde, ses idées mesquines et ses principes sans élévation; il a terrassé, sur son passage, le démon et ses suppôts de la terre, foulé aux pieds sa nature mauvaise, malgré ses protestations désespérées; il a gravi la montagne de la sainteté; il s'est placé à la cime de l'humanité. Aujourd'hui, les hommes l'admirent, le louent, lui élèvent des statues; ils recherchent avec avidité les traces de ses pas; à chaque empreinte retrouvée, ils voudraient élever un monument; de leurs cœurs, jaillissent des prières confiantes à celui qu'ils ont vu sur la terre déjà si près de la divinité, et qui ne peut manquer d'être, au ciel, investi d'une partie de la puissance suprême.

N'est-ce pas d'avance, mes enfants, la glorieuse histoire de notre Bienheureux, que je viens de tracer?

II

Il y a comme une double ascension, dans la vie du Bienheureux Jean-Baptiste de La Salle. L'un ele conduit, à travers les années de son enfance et de sa jeunesse, à un sacerdoce immaculé et plein d'espérance. L'autre aboutit, en dépit d'obstacles de tout genre, à la fondation de l'Institut des Frères des écoles chrétiennes.

Jean-Baptiste de La Salle naquit à Reims en 1651. Son père et sa mère étaient de noble lignée, mais leur plus grande gloire leur venait encore de la foi chrétienne et des vertus sans tâche qui étaient de tradition dans leurs deux familles. Avec un enfant comme celui dont j'entreprends de vous parler, ces traditions, loin de se perdre, devaient arriver à leur apogée. Cela fut bientôt évident pour les regards les moins attentifs. Jean-Baptiste de La Salle, ainsi qu'il arrive souvent aux âmes destinées par Dieu à une haute sainteté, donna de bonne heure des indices certains de ce qu'il serait plus tard.

Enfant sur la terre, il semblait que Dieu ne lui eût donné que les nobles aspirations des Intelligences célestes. Son regard était pur; l'innocence brillait sur son front; jamais sa bouche ne s'ouvrait pour le mensonge ou le murmure; ses pieds ne se mettaient en mouvement que pour marcher dans les sentiers de l'obéissance. Il se plaisait dans la lecture, mais ne jetait jamais les yeux sur un livre mauvais. La *Vie des Saints,* surtout, faisait ses délices ; son âme d'enfant s'enthousiasmait au récit des vertus des héros de la foi; elle s'éprenait déjà de ce magnifique idéal de sainteté qu'elle reproduira plus tard. Toutefois, ses heures les plus précieuses étaient encore celles de la prière. A le voir dans le lieu saint, on aurait dit un ange. Qu'il était heureux, en particulier, quand il pouvait pénétrer plus avant dans le sanctuaire, et servir le prêtre à l'autel ! Enfant de bénédiction ! Il n'y a pas de doute, la main de Dieu est sur toi, et tu seras grand, un jour, parmi tes frères !

Mais voici venir les années critiques de la jeunesse. Pourra-t-il traverser cette mer orageuse sans donner sur les écueils ? Oui, car il y est préparé par une enfance soignée, par des habitudes de piété et de vertu déjà fortement ancrées dans son cœur ; oui encore, car il redoublera de vigilance sur lui-même, fuyant de plus en plus toute lecture malsaine et tout divertissement qui ne serait pas sans danger pour son innocence. Ne le vit-on pas, un jour que tout était au plaisir dans la maison de son père, se retirer à l'écart, un volume de la *Vie des Saints* à la main, pour reposer, dans ce fortifiant entretien, son âme trop à l'étroit et accablée au milieu des frivolités de la vie mondaine ? Il dédaignait déjà toutes ces niaiseries qui faisaient alors, et font encore maintenant, la principale occupation d'une partie de la jeunesse, qui n'en est certes pas la plus estimable. Pour une âme ainsi trempée, ainsi sur ses gardes, les orages ne pouvaient avoir qu'un résultat, celui de la fortifier et de la grandir, comme se fortifie et se développe, sous les vains efforts du vent qui passe, l'arbre aux branches vigoureuses et aux puissantes racines.

Ce n'était pas sans un dessein spécial de sa Providence, que Dieu cultivait avec tant de soin l'âme de Jean-Baptiste de La Salle, et lui faisait traverser les sentiers périlleux de la jeunesse sans que sa beauté en eût aucunement souffert. Déjà, il avait fait briller devant ses regards d'enfant le calice d'or, la gloire suprême et la consolation ineffable du prêtre. Le jeu favori, et l'on pourrait dire le seul jeu de cet enfant béni de Dieu, consistait à élever de petits autels, à les parer avec un soin jaloux, à se revêtir d'ornements improvisés et à imiter gravement les cérémonies sacerdotales. Nous savons avec quel empressement, avec quelle joie, il se présentait pour servir le prêtre à l'autel. C'est là qu'il devint, de plus en plus, saintement avide de remplir lui-même les nobles fonctions auxquelles il n'apportait qu'un concours éloigné.

Il s'ouvrit à ses parents du pieux désir qu'il nourrissait depuis longtemps de se consacrer au service des autels. Ceux-ci, qui ne se faisaient pas illusion sur les sentiments de leur enfant, reconnurent que telle était la volonté de Dieu, et s'inclinèrent. Le sacrifice, cependant, n'était pas sans quelque amertume. Il s'agissait de leur aîné, de celui qui paraissait le plus capable de perpétuer glorieusement leur nom. Mais ils savaient juger les choses comme elles doivent l'être, avec les yeux de la foi; ils comprenaient quelle grande gloire allait rejaillir sur leur blason, quelle source abondante de bénédiction s'ouvrait devant eux, et ils n'eurent sur les lèvres que des paroles d'action de grâces. Trois fois encore, ils entonneront le même hymne de reconnaissance à Dieu, qui leur fera l'honneur de prendre à son service trois autres de leurs enfants.

Pour notre Bienheureux, rien n'égale son bonheur. Il n'a plus qu'une pensée : se préparer dignement à recevoir ce Sacrement de l'Ordre, qui lui permettra de gravir les degrés de l'autel, de tenir entre ses mains, tremblantes d'émotion, ce calice qui lui est apparu dans une lumière mystérieuse au jour de son enfance; de toucher, avec un saint respect et un suprême bonheur, ce Jésus, le seul objet de son amour, qui deviendra sa nourriture de chaque jour, qu'il distribuera aux fidèles avides de le recevoir, et qu'il offrira au Grand Dieu du Ciel, dans un sacrifice vraiment digne de sa majesté infinie. Saint-Sulpice! maison bénie de Dieu, asile de la belle dilection, de la piété et du savoir, voici que vient à toi un nouveau lévite du Seigneur, et qui ne sera pas le moindre de tes enfants! Jean-Baptiste de La Salle, déjà initié aux sciences ecclésiastiques, ne passe que deux ans dans le célèbre Séminaire; mais telle est sa modestie, sa charité, son amour de l'étude, sa fidélité à toutes les règles, qu'il emporte, en sortant, cet éloge précieux, parce qu'il était pesé à la balance du sanctuaire : Qu'il avait été l'*exemple de tous les autres*. Avec quels sentiments d'humilité, d'anéantissement et de douce joie, il célébra sa première messe, les anges du sanctuaire, seuls, pourraient nous le redire. Il apparut à l'autel, dès ce jour et pendant toute sa vie, comme une vision céleste. Ceux qui assistaient à sa messe, s'ils étaient indifférents, se sentaient portés à la piété ; s'ils étaient pieux, se sentaient enflammés !

Et maintenant, ô Bienheureux ! que vous avez puisé la piété et la doctrine à bonne source, sortez de cette enceinte sacrée, qui vit votre âme s'épanouir et répandre le parfum de toutes les vertus ! Ah ! sans doute, vous ne partirez pas sans regret : on ne quitte pas le séjour où vous venez de passer deux ans, sans verser une larme. Mais il faut consommer le sacrifice ; le temps de la solitude et du silence est terminé : le monde vous réclame ; le monde a besoin de vous ; il a besoin de vos lumières ; il a besoin, surtout, de votre cœur.

La première ascension de notre Bienheureux est achevée. Il a gravi la montagne du sacerdoce, le front pur et illuminé ; il donne à l'Eglise, qui le regarde avec orgueil, les plus belles espérances. Il va, maintenant, se consacrer tout entier à la grande œuvre que Dieu réclame de lui : *la fondation de l'Institut des Frères des Ecoles chrétiennes.*

C'était une entreprise difficile que celle à laquelle Jean-Baptiste de La Salle mettait la main, et il ne fallait pas moins que son abnégation totale, son héroïque dévouement et sa volonté de fer, pour la mener à bonne fin. Assuré que Dieu veut cette œuvre éminemment utile, et qu'il est appelé à la faire sortir de terre, il ne reculera devant aucun obstacle. Le monde va crier ; deux de ses frères qui vivent avec lui le quitteront ; sa famille toute entière se révoltera; son corps se plaindra d'une vie dure à laquelle il n'a pas été préparé ; mille entraves surgiront, partout, sous ses pas; les épreuves les plus pénibles lui viendront de ceux dont il était en droit d'attendre concours et protection ; le ciel lui-même semblera se mettre de la partie en exigeant de lui les derniers sacrifices. Rien ne pourra l'arrêter. Voyez plutôt. Au milieu de la réprobation générale, il se démet de son canonicat de l'illustre métropole de Reims ; vend son bien de patrimoine et en distribue le prix aux pauvres ; reçoit dans sa maison et à sa table, les premiers sujets que la divine Providence lui envoie ; leur prêche les vertus héroïques beaucoup plus par ses exemples que par ses exhortations ; fonde, avec eux, divers établissements à Réthel, à Guise à Laon. Déjà, en dépit de toutes les difficultés accumulées sur la route, le succès de l'œuvre paraît asssuré, et le Bienheureux, loin d'avoir épuisé tout ce qu'il avait au cœur de dévouement et de vertu, ne sent, au contraire, que s'accroître au dedans de lui l'ardeur de sa charité et sa soif de renoncement.

Mais, de quoi se dépouiller encore ? Il a tout sacrifié : honneurs, richesses, famille ; il a enchaîné sa liberté, martyrisé sa chair innocente. C'est le secret des saints de trouver toujours de nouveaux progrès à réaliser dans l'œuvre de leur sanctification. Jean-Baptiste de La Salle, qui s'est dépouillé de tout ce qu'il avait, craint de ne s'être pas encore assez dépouillé de lui-même. Il veut se démettre de sa place de Supérieur, descendre au dernier rang et n'avoir plus qu'à obéir. Il échoue dans sa tentative pour la réalisation de son rêve. Plusieurs fois cependant il revient à la charge, tant est vif et sincère son désir d'être ignoré, d'être compté pour rien. Les efforts seront vains, jusqu'aux dernières années de sa vie, car, ses frères le sentent bien, il est le pilote nécessaire du navire nouvellement lancé sur la mer orageuse ; quelle main, pour manœuvrer comme la sienne, entre la sourde hostilité des uns et la haine ouverte des autres !

Dieu fait des nouveaux progrès du pieux fondateur dans la sainteté la mesure de ses bénédictions sur l'Institut. Sans doute, il ne lui épargne pas les croix, mais les croix ne sont-elles pas, dans la marche ordinaire des œuvres divines, la condition du succès? Grâce aux nouveaux sujets qui se sont donnés à lui, Jean-Baptiste de La Salle peut agrandir le théâtre de son zèle, et la France va le voir parcourir toutes ses provinces, du nord au midi, de l'Orient à l'Occident, semant partout ses disciples et préparant, par l'enseignement chrétien, en même temps que de loyaux serviteurs à la patrie, une abondante moisson d'âmes pour le ciel. Il arrive à Paris, se dirige vers cette paroisse de Saint-Sulpice, pour lui déjà si riche en souvenirs, et y ouvre trois écoles. La jeunesse est captivée par les leçons du maître, séduite par le charme de ses vertus; elle s'enrôle, nombreuse, sous son drapeau, et réclame l'honneur de se dévouer avec lui à l'instruction des enfants du peuple. Trois maisons sont fondées pour la recevoir sous le nom de noviciat, de petit noviciat et de petit séminaire. Calais, Rouen, Dijon, Marseille, Grenoble, et bien d'autres villes sont dotées d'établissements importants. C'est une vraie floraison d'écoles gratuites par toute la France.

Désormais, le peuple a ses instituteurs nés; il a ses *Chers Frères*; par eux, il sortira des ténèbres pour venir à la lumière, qui conduit à la foi, c'est-à-dire à l'éternelle félicité et à la plus grande somme de bonheur réalisable ici-bas. Ah! l'Eglise n'a pas attendu notre siècle pour travailler à l'instruction du peuple! l'Eglise est la mère de toute civilisation et de toute lumière. Quand elle jette sur une plage barbare ses missionnaires, les seuls vrais civilisateurs, elle commence par ouvrir des écoles; elle ne peut rien faire sans instruction. Aussi, de tous temps, elle est allée prendre l'enfant du pauvre comme celui du riche, autant qu'elle l'a pu, pour lui ouvrir les yeux, et, quand eut lieu la prétendue illumination de 89, il y avait un siècle que les Frères des Ecoles chrétiennes promenaient leurs robes de bure à travers les rues de la capitale, poursuivant partout, jusque dans les carrefours, l'enfant du pauvre, afin de chasser de son esprit l'ignorance, avant tout fatale à la religion. Ils dépensaient gratuitement leurs forces à cette œuvre dont Voltaire ne voulait à aucun prix. Ecoutez quelques citations qui vous seront une preuve, en plus, que l'irréligion ne peut produire qu'égoïsme et que haine. « Il est à propos, écrivait Voltaire à un de ses amis, que le peuple soit guidé et non pas qu'il soit instruit ; il n'est pas digne de l'être (1). » Voulez-vous connaître sa définition du peuple, la voici : « J'entends par peuple la populace qui n'a que ses bras pour vivre (2). » Quel dédain du travailleur dans cette phrase! Faut-il s'en occuper de ce pauvre peuple qu'il traite, cent fois, de « canaille » dans ses lettres? Gardez-vous en bien, vous perdriez votre temps : « Le peuple sera toujours sot et barbare (3). » Encore moins, puisqu'il en est ainsi, doit-on lui donner la liberté : « les ouvriers, dit-il, ce sont des bœufs auxquels il faut un aiguillon, un joug et du foin (4 . » Voilà, ô peuple français, les hommes que l'on t'apprend à vénérer comme tes amis dévoués et tes insignes bienfaiteurs !... Pour leur faire honneur, ô Grenoble, on a effacé sur tes murs le nom de Vincent de Paul et on y a gravé celui de Voltaire!... O XIXe siècle, voilà par quel parallèle, entre les hommes que tu prônes et les nôtres, nous pouvons répondre, quand tu nous jettes à la face ces mots injurieux « d'obscurantisme et d'ignorantisme » que nous repoussons de toutes nos

(1) Lettre à Damilaville, 19 mars 1766.
(2) Au même, 1er avril 1766.
(3) Lettre à Tabareau, 3 février 1769.
(4) *Idem.*

forces, parce que la société à laquelle nous sommes fiers d'appartenir, l'Eglise catholique romaine, a toujours encouragé les sciences, a toujours activé, par ses propres travaux, la marche en avant, et a su, toujours aussi, descendre de ces hauteurs sereines pour aller prendre l'enfant du pauvre, dans sa triste chaumière, afin de lui donner avec l'instruction nécessaire à la vie ce qui est plus nécessaire encore, les vérités qui élèvent et consolent.

O cité de Grenoble, tu vis un jour venir dans tes murs Jean-Baptiste de La Salle, le véritable ami du peuple, qui allait à lui, non pas avec de fallacieuses promesses pour s'en servir comme d'un escabeau, mais avec son cœur pour l'aimer sincèrement, avec son être tout entier pour le dépenser à son service, sans réclamer autre chose de sa part que l'honneur de se dévouer pour lui. Ah! tu as été bien inspirée en retenant, dans ton enceinte, ces religieux, les dignes fils d'un tel père. Vois-tu, là-bas, près d'établissements qui ont ruiné tes finances, et qu'avec raison tu voudrais soustraire à la critique sévère de l'opinion publique, vois-tu cet autre établissement s'élever pour nos Chers Frères, qui ne grèvera pas tes budgets, et sera cependant ton plus bel ornement jusqu'à ce jour. Emplis cette maison de tes fils. Leur instruction n'y perdra rien. Ils y apprendront, de plus, le respect de Dieu et des hommes; ils sentiront leurs cœurs s'ouvrir à de saintes joies qu'ils ne connaîtraient point ailleurs, et qui suffiront à les satisfaire. Tu leur auras assuré l'héritage le plus précieux : la foi, l'espérance et la charité, qui font le seul bonheur de l'homme ici-bas et lui ouvrent le ciel.

Jean-Baptiste de La Salle s'est appliqué à connaître la volonté de Dieu sur lui. Quand elle lui apparut distinctement, il se mit résolument à l'œuvre pour l'accomplir. Il poursuivit son but à travers mille difficultés et fut assez heureux pour l'atteindre. Son institution, toute de dévouement, est incontestablement la plus utile qui soit née sur le sol de France. Les saints sont toujours les meilleurs serviteurs de leur pays.

Epuisé par les longs travaux, les jeûnes et les mortifications de tout genre, le Bienheureux de La Salle se retire au noviciat de Saint-Yon où sa démission, cette fois, est acceptée. Enfin, il pourra satisfaire ses désirs les plus ardents; ensevelir davantage sa vie dans le silence, le recueillement et la prière ; s'enfoncer plus profondément dans le sein de Dieu avec Jésus-Christ; il pourra se préparer à la plus importante des choses que nous avons à faire en cette vie, à bien mourir. La pensée de la mort lui était familière. Ses souffrances continuelles l'empêchaient de la perdre de vue, et le souvenir de ses premiers Frères, qui avaient disparu coup sur coup devant ses regards en pleurs, ne le quittait pas.

Il avait vu défiler successivement devant lui et le frère Jean-François, et le frère Bourlette, et le frère Maurice, et le frère L'Heureux, ces grandes et belles figures, qui brillent sur le berceau de l'Institut, comme ces premières étoiles qui éclairent le crépuscule, prélude de la nuit lumineuse qui s'avance. Ces hommes, vrais héros de la pénitence et des saintes ardeurs, avaient tellement martyrisé leurs corps pour être sûrs de n'avoir d'autre roi que Jésus, dans leurs esprits, dans leurs cœurs et dans leurs volontés, que, en moins de quelques mois, Dieu pouvait les prendre comme des hosties agréables à ses yeux. O sainte mort que celle de ces premiers Frères ! mais ne l'oublions pas, ils ne mouraient ainsi que parce qu'ils avaient vécu dans le détachement de toutes choses, et le cœur déjà dans le ciel. L'un d'eux, le premier, pendant le délire qui précéda ses derniers moments, n'eut sur les lèvres que ces paroles, révélatrices de sa belle âme : « Ah ! belle éternité, que ton séjour est beau ! Amour ! amour ! amour ! nous irons voir l'amour ! » Plein d'admiration pour ces religieux, qui gravissaient comme par enchantement les plus hauts sommets des grandes vertus, et finissaient tous comme des saints, le vénérable ecclésiastique chargé de leurs âmes ne pouvait s'empêcher de répéter, après le dernier soupir de chacun d'eux : « Rendons grâces à Dieu, en voilà encore un dans le ciel ! »

Celui qui avait formé de tels hommes, capables de tous les dévouements et forts au point d'attendre la mort le sourire sur les lèvres, devait être leur maître à tous jusqu'à son dernier souffle. Les plus violentes douleurs ne parviennent pas à lui arracher une plainte. Son calme en face de la mort est tel que l'on craint, autour de lui, pour les dispositions de son âme. Il rassure son entourage par ces paroles, si semblables à celles de Jésus au moment de son agonie : « Je sais que je vais comparaître devant Dieu et je suis très soumis à ses ordres. Mon sort est entre ses mains ; sa volonté soit faite ! » Il demande lui-même le saint Viatique qu'il appelle son « passe-port, » et bénit une dernière fois ses Frères présents et absents. Les larmes coulent de tous les yeux. On n'entend que sanglots. Mais lui, réunissant ce qui lui reste de force, adresse à tous ses dernières recommandations, si précieuses à méditer. Une sueur froide lui enlève l'usage de la parole. On ne l'entend plus que murmurer ces mots, les derniers qu'il laisse à sa famille éplorée : « J'adore en toutes choses la conduite de Dieu à mon égard. » Ce fut son *consommatum est.* Quelque temps après, il fit un effort comme pour se lever et aller au-devant de quelqu'un, joignit les mains, leva les yeux au ciel et expira.

Oui, ô Bienheureux, allez au-devant de ce Jésus qui vient de vous apparaître dans une suprême extase ! Vous êtes digne de partager sa gloire ; pendant votre laborieux et gémissant pèlerinage ici-bas, vous l'avez aimé de toutes les forces vives de votre être ; aucune étincelle du brasier ardent qui consumait votre cœur n'a été perdue, car, c'est Jésus que vous aimiez à travers l'enfance et vos Frères transfigurés à vos yeux. Toutes les paroles sorties de vos lèvres patientes et charitables, toutes les actions de votre vie si bien remplie, toutes vos démarches, toutes vos larmes, tous vos renoncements, toutes vos tribulations, tous vos martyres ont été comptés, car vous n'aviez qu'un but en toutes ces choses : faire la volonté de Dieu, plaire à Dieu. Oh ! quelle abondante moisson je vois entre vos mains ! Allez donc, ô Bienheureux, recevoir votre récompense qui sera grande. Vous avez régné sur tous vos membres ; vous avez régné sur votre cœur ; vous avez régné sur votre intelligence et sur votre volonté ; après avoir établi en vous le règne de la justice éternelle, vous vous êtes efforcé de l'étendre autour de vous : bon et fidèle serviteur, régnez maintenant dans la gloire, et que votre front aille ceindre la couronne immortelle qui vous attend dans les parvis célestes. Là seulement, vous serez heureux dans la mesure de vos mérites, glorieux de la gloire qui vous convient, parce que vous jouirez du bonheur et de la gloire de Dieu même.

Mais, du haut du ciel, ne nous oubliez pas, nous qui sommes encore dans la vallée où l'on souffre, dans les champs où l'on combat.

III

La fidélité à la loi de Dieu est la source d'une grande gloire. Jean-Baptiste de La Salle est une preuve irrécusable de cette parole de nos Livres Saints. Son nom n'est tant acclamé sur la terre, et l'auréole qui entoure son front dans les demeures éternelles n'est si brillante, que parce qu'il s'est renoncé lui-même pour embrasser la volonté de Dieu et devenir un saint.

Mes enfants, ce qui a été, pour le Bienheureux, le principe de son élévation à la sainteté, le doit être aussi pour vous. Il faut que vous sachiez vous renoncer vous-mêmes pour obéir à Dieu. C'est en inclinant votre petite intelligence, et toute intelligence humaine est petite, devant la raison souveraine de Dieu ; en soumettant votre volonté à la volonté divine, ordinatrice de toute voie, ici-bas comme au ciel ; en réglant les affections de votre cœur d'après les principes de Jésus-Christ qui sont d'aimer Dieu par-dessus toutes choses et toutes choses en Dieu ; c'est, dis-je, en établissant ici-bas le règne de Dieu sur votre être tout entier, que vous deviendrez ses serviteurs, ses amis, ses enfants, que vous serez dignes d'être admis dans son royaume éternel. O mes enfants, à l'encontre des Juifs déicides qui ne voulaient pas de Jésus pour Roi, disons tous : O Jésus ! régnez ainsi sur moi, maintenant et toujours, pour mon bonheur sur la terre et dans ma vie d'outre-tombe ; oui, je veux m'enrôler dans l'armée glorieuse de vos fidèles serviteurs, dans le corps d'élite de vos braves, car, ô Jésus, sous votre joug, et sous votre joug seul, je le sais, il fait bon vivre.

Comme le Bienheureux de La Salle, vous êtes sortis de familles chrétiennes, et les premiers mots que vos lèvres enfantines ont appris à prononcer ont été les noms bénis de Jésus, Marie, Joseph. Les principes de la foi chrétienne, fussiez-vous fils de prince, seraient encore le plus noble héritage qu'auraient pu vous léguer vos pères ; cet héritage, heureux enfants, vous l'avez reçu, à vous de le conserver. Plutôt la mort que la déchéance à cet égard ! telle sera votre mot d'ordre. Il sera plus fier encore. Vous relèverez et inscrirez dans votre cœur, en vous l'appropriant, cette devise, aujourd'hui tombée dans la boue, d'une grande maison d'Europe : « Devant, Savoie ! » oui, toujours en avant !

Toujours en avant, ici, maintenant, pour la prière, la confession, la communion ! Toujours en avant pour vous instruire des vérités de votre religion, et ancrer de plus en plus profondément dans vos cœurs les principes chrétiens, puisés au sein de vos familles, et qu'on nous demande de fortifier en vous ! Toujours en avant, pour la fidélité au règlement, condition indispensable pour être plus tard des hommes de devoir! Toujours en avant, pour le triomphe dans cette lutte, qui recommence chaque jour en vous comme en tout homme, de l'esprit contre la chair, de la grâce contre la nature en révolte ! Toujours en avant pour les régions des pures vertus et des saints renoncements ! Si telle est votre devise et votre ardeur à n'y point faillir pendant les années de votre jeunesse, nul doute que vous n'y faillirez pas davantage plus tard quand vous aurez quitté cet asile béni de la prière et de l'étude, quand vous serez loin des regards de vos maîtres, et que vous vous trouverez en face des austères devoirs de la vie.

Nous vous apprenons à consulter votre conscience et la loi de Dieu pour connaître votre devoir, et à marcher droit à son accomplissement. Continuez à vous inspirer des mêmes principes quand vous serez lancés dans la vie. Oh ! n'allez pas regarder alors autour de vous pour sonder le milieu où vous serez et en prendre les idées. Une telle conduite serait indigne de vous ; elle serait la honte de vos maîtres et la nôtre. Un homme digne de ce nom est celui qui a des principes, et qui marche à leur lumière, sans s'occuper de ce qu'on dira ou pensera de lui. Vous êtes chrétiens ; interrogez donc la grande voix de votre conscience, des commandements de Dieu et de l'Eglise, et puis, marchez droit à ce qui vous apparaît comme votre devoir. Au début, vous serez seul, peut-être, sur la voie où vous vous serez engagés. En vous voyant passer, on sourira, on haussera les épaules. Eh ! qu'importe. Gardez-vous seulement de vous laisser envahir par le respect humain ; ne laissez dominer en vous que le respect de ce qui est respectable, le respect de vos principes, le respect de votre âme, le respect de

Dieu. Tôt ou tard on reconnaîtra que vous êtes des hommes, et vous vous verrez entourés de l'estime et de l'admiration de ceux mêmes qui avaient d'abord ri de vous. Celui qui a le courage de ses convictions emporte toujours les seuls suffrages dont il faille s'inquiéter, les suffrages des gens de bien.

Ainsi, loin de subir, en esclaves, comme tant d'hommes indignes de leur nom, le milieu où s'écoulera votre vie, vous exercerez sur lui une influence salutaire. S'il est mauvais, vous travaillerez à le rendre bon ; par vous, s'il est bon, il deviendra meilleur. Vous serez alors ce que nous avons tous le droit d'être, le sel de la terre. Et, quand vos exemples n'auraient pas ce résultat de purifier l'atmosphère où vous vivrez ; quand, au bout de dix ans comme au premier jour, la critique s'exercerait contre vous avec le même acharnement, devriez-vous fléchir? Oh! non, jamais! Le moment serait venu de vous rappeler qu'un seul témoignage importe, après tout, le témoignage de votre conscience, qui se confond avec celui de Dieu.

Du reste, vous ne vous trouverez jamais seul sur le champ des nobles combats pour la vertu, la justice et la vérité. Il y a partout, à notre époque, des patronages, des cercles, des associations, qui ont le devoir de s'ouvrir devant vous, et qui ne demandent qu'à le faire. Là, vous retrouverez vos anciens camarades ; vous vous reverrez tous, vous vous encouragerez, et, la main dans la main, vous continuerez, au milieu de jeunes gens sans élévation dans l'esprit et dans le cœur, votre glorieuse ascension vers Dieu. Votre devise sera la même que celle d'aujourd'hui : « toujours en avant! » toujours en avant pour tout ce qui est beau, grand, généreux! Toujours en avant pour la patrie ! il faut, qu'au jour du danger, vous soyez dignes de vos maîtres, et qu'on puisse dire de vous ce que disait d'eux un général, brave entre tous, après les sanglantes journées de 70 : « Assez, frères, le patriotisme et la religion ne demandent pas qu'on aille jusque-là ! » Toujours en avant ponr l'intégrité de votre vertu et la grandeur de vos âmes ! Toujours en avant quand il s'agira de Dieu, de Jésus-Christ, de l'Eglise; quand vos âmes ou celles de vos frères seront en jeu ! Toujours en avant quand l'occasion s'offrira d'accroître, par vos courageuses résistances ou vos nobles revendications, ce riche patrimoine de foi que nous avons reçu de nos ancêtres, et que nous avons tous le devoir de défendre et d'augmenter, dans la mesure de nos forces.

O mes enfants, parce que nous vous enseignons à prier Dieu et à lutter pour la vertu, on n'a rien à craindre ni de vous ni de nous. Nous voulons simplement mettre les choses dans l'ordre, et rendre à chacun ce qui lui est dû. Nous entendons que la patrie ait des cœurs dévoués jusqu'à la dernière goutte de leur sang ; que la société s'enrichisse de citoyens probes jusqu'au scrupule ; que vos âmes, qui sont la principale portion de vous-mêmes, soient aussi le premier objet de vos soins ; que Dieu, enfin, à qui vous devez tout ce que vous avez et tout ce que vous êtes, soit connu, aimé, servi comme il le veut. Quand l'homme a rempli tous ces devoirs, en vue de faire la volonté de Dieu, de plaire à Dieu, il peut être en repos. Sa conscience lui dit qu'il est un bon serviteur ; elle lui fait goûter cette joie, si pure, si douce, la joie du devoir accompli, et elle lui montre, par-delà la tombe, cette couronne de gloire, à nulle autre comparable, que Dieu réserve à ceux qui l'auront aimé sur la terre.

Toujours en avant pour Dieu ! telle sera donc votre devise, pendant les belles années de votre jeunesse, et pendant toute votre vie. Vous serez alors sans peur et sans reproche aux yeux de Dieu comme aux yeux des hommes ; vos jours n'en auront été que meilleurs, et vous vous applaudirez, pendant toute l'éternité, d'avoir su mettre votre courage à la hauteur de vos devoirs de chrétiens.

O Bienheureux de La Salle, du haut du ciel où vous régnez dans la gloire, abaissez sur nous un regard de tendresse et de protection. Obtenez-nous de comprendre de mieux en mieux le devoir qui nous incombe pendant cette vie passagère; de nous éprendre de plus en plus d'admiration pour ce magnifique idéal de sainteté que vous avez si parfaitement réalisé ici-bas; obtenez-nous, surtout, la force nécessaire pour ne pas rester trop loin de cette perfection à laquelle vous vous êtes élevé, et, pour cela, d'être fidèles, aujourd'hui et toujours, à cette devise que nous prenons, que nous voulons graver profondément dans nos esprits et dans nos cœurs : toujours en avant pour Dieu!

Bénissez, ô Bienheureux, l'Institut des Frères des Ecoles chrétiennes! C'est votre main qui a déposé en terre ce germe vigoureux, qui a grandi, qui s'est développé, et qui est devenu ce grand arbre dont les rameaux s'étendent sur la terre entière. Ah! que le souffle des tempêtes passe, sans le déraciner, sans briser une seule de ses branches, et que les oiseaux du ciel, qui sont les enfants, puissent toujours venir, sous ses frais ombrages, loin du feu des passions mauvaises, apprendre, avec les sciences de la vie, celles de l'éternité!

Bénissez particulièrement, ô Bienheureux Jean-Baptiste de La Salle, les établissements de cette province! Vous-même avez commencé l'apostolat de l'instruction chrétienne dans cette région; Grenoble garde le souvenir de votre enseignement et plus encore celui de vos vertus. Ce que nous vous demandons par-dessus tout, en retour, c'est la prospérité de ce nouvel et grandiose établissement qui portera votre nom à jamais glorieux.

Ainsi soit-il.

DIALOGUES ENFANTINS (1)

Avec chants et chœurs

SUR LE BIENHEUREUX J.-B. DE LA SALLE

PAR LE R. P. MONTAGNOUX

MISSIONNAIRE DE SAINT FRANÇOIS DE SALES (ÉVIAN)

Dédié au très cher Frère ORBANIS

VISITEUR DE LA SAVOIE ET DE L'ISÈRE

Ce dialogue, arrangé pour la circonstance, a été débité avec beaucoup de grâce, de naturel et d'entrain, à la séance de clôture du Triduum, dans la grande salle du Pensionnat, par les élèves dont les noms suivent :

BOUCLIER, Marcel.
DOUILLET, Ernest.
DOUILLET, Louis.
MASSENAVETTE, Jules.
RAVAZ, Jules.
ROZIER, Honoré.
SAYETTAT, Jean-Baptiste.
SOULIÉ, Eugène.
VALERON, Henri.

DONDEY, Eugène, *pèlerin des îles Maurice.*
DUPONT, Charles, *pèlerin de Jérusalem.*
FARÇAT, Constant, *pèlerin de l'Egypte.*
GIRARDIN, Michel, *pèlerin de l'Angleterre.*
MARTIN, Joseph, *pèlerin de l'Amérique.*
MICHAL, Antoine, *pèlerin de la Belgique.*
SABART, Michel, *pèlerin de l'Autriche.*
SAUNIER, Antoine, *pèlerin de l'Espagne.*
VIAL, Maurice, *pèlerin de la Turquie.*

---

(1) Tiré du *Bulletin* : Œuvre du Bienheureux de La Salle, publié par M. l'abbé Veyrat-Durebex, aumônier du Noviciat des Frères. Annecy.

DIALOGUES ENFANTINS

SUR LE

BIENHEUREUX J.-B. DE LA SALLE

SAYETTAT.

Ah ! je respire enfin l'air pur de mon Isère,
Grenoble, après dix mois, me semble encore plus chère ;
Quel bonheur de revoir mon riant Dauphiné ;
Les villas, les beaux quais du sol où je suis né !
Vive ce beau pays dont Bayard est la gloire !
Mais, ce soir, fêtez-vous à nouveau sa mémoire ?
Un tel preux ne craint rien de la nuit du tombeau.
Sous ce ciel étoilé tout me paraît si beau !
Pourquoi ce grand concours, ces croix d'or qui rayonnent,
Et ce buste d'airain que les lauriers couronnent ?

DOUILLET (ERNEST).

Quoi ! tu ne connais pas le grand événement ?
Un nouveau Bienheureux rayonne au firmament.

BOUCLIER.

Son nom ? Et moi aussi je veux lui rendre hommage,
Et des plus belles fleurs encadrer son image.

DOUILLET (LOUIS).

Il a le même nom que le saint Précurseur
Qui dans l'eau du Jourdain baptisa le Sauveur.

BOUCLIER.

Jean-Baptiste ! à ce nom je sens bondir mon âme
Et de la piété s'y raviver la flamme.
Sous quel ciel le bon Dieu plaça-t-il son berceau ?
L'auréole d'un saint rend un pays plus beau.

DOUILLET (ERNEST).

Ce pays, c'est celui qui te donna naissance,
C'est la terre des saints : c'est notre douce France.

SAYETTAT.

Vive, vive à jamais cette France au cœur d'or
Que j'aime et j'aimerais désormais mieux encor!
Mais ce saint, récemment sorti de la poussière,
Qui l'a donc fait soudain jaillir à la lumière?

DOUILLET (LOUIS).

A Rome, tu le sais, il est un saint vieillard
Qui plus haut que la terre élève son regard
Et qui lit dans le ciel comme nous dans un livre.

BOUCLIER.

Le Pape!

DOUILLET (LOUIS).

Oui, lui seul.

VALERON.

Hâte-toi de poursuivre.
Ton récit m'intéresse et je veux savoir tout.
Parle; je te promets d'écouter jusqu'au bout.

SOULIÉ.

Eh bien donc! Du Très-Haut le Lieutenant suprême,
Celui qui porte au front le triple diadème
Et dans sa main la clé qui seule ouvre les cieux,
A vu comme un soleil briller un Bienheureux;
Et soudain, des hauteurs de la Chaire de Pierre,
Le plaçant sur l'autel, il le montre à la terre,
Et joyeux à sa gloire entonne un *Te Deum*.

BOUCLIER.

Est-ce là le sujet de ce grand Triduum
Qui change notre école en temple, en cathédrale?
Quel est ce Bienheureux?

DOUILLET (ERNEST).

Jean-Baptiste de La Salle.
Sur terre comme au ciel tout s'incline à ce nom,
Tout fête Jean-Baptiste exalté par Léon.

ROSIER.

Fort bien! Vivent les saints, ces géants de l'histoire,
Que pour l'éternité Dieu couronne de gloire

Et dont tes corps bénis trônent sur un autel !
Mais pourquoi tant d'honneurs au récent immortel ?

VALERON.

Quoi ! peux-tu l'ignorer ? Descends-tu de la lune,
Pour ne pas partager l'allégresse commune ?

BOUCLIER.

Allons, pas de mystère, allons, vite, instruis-moi :
Je suis jeune et je puis en savoir moins que toi.

SAYETTAT.

Dis-moi donc, cher bambin, aimes-tu bien les frères ?

BOUCLIER.

Drôle de question, ils sont pour nous des pères :
Pourrait-on les connaître et ne pas les aimer ?

VALERON.

Eh bien ! leur père à tous, saurais-tu le nommer ?

BOUCLIER.

Leur père est le bon Dieu qui, dans sa providence,
Les créa pour servir de mentors à l'enfance.

SOULIÉ.

C'est vrai nous avons tous le même Père aux cieux.
Mais leur père après lui ?

BOUCLIER.

Qui donc ?

SOULIÉ.

Le Bienheureux.
C'est à Reims, son berceau, qu'il leur donna naissance,
Leur laissant, pour tout bien, l'opprobre et la souffrance.
C'est là que ces fils traversant monts et mers,
Ont des trésors du ciel enrichi l'univers.
Deux siècles sont éteints et son œuvre féconde,
O miracle vivant ! s'agrandit dans le monde ;
Sous leur manteau de bure et sous leurs rabats blancs
Ils ont peuplé le ciel de légions d'enfants.

BOUCLIER.

Gloire au Saint, gloire à Dieu ! Que je les remercie
De nous avoir donné comme un autre Messie,

Qui sut du Paradis nous frayer le chemin !
Et pour fils adopter le pauvre et l'orphelin !
Mais, si le Bienheureux est père de tout Frère,
De vrais peuples d'enfants n'est-il pas le grand-père ?
Par conséquent le mien ?

DOUILLET (LOUIS).

Parfaitement, mon cher.

BOUCLIER.

D'un tel grand-père, oh ! oui, je suis heureux et fier.
Oui, je veux désormais l'aimer avec tendresse.
Dans le ciel, comme il doit protéger la jeunesse !
Avec saint Nicolas je le prends pour patron ;
De sa couronne aussi je veux être un fleuron.

SAYETTAT.

Pour nous il quitta tout : son hôtel et sa stalle !
Mais quel lustre il répand sous le nom de La Salle !
Son âme séraphique est pour toujours au ciel
Et son corps glorieux a pour trône l'autel.

SOULIÉ.

Puisqu'il jouit, là-haut, des saints concerts des anges,
Pourquoi ne pas mêler nos voix à leurs louanges !
Puissent nos chants sourire à l'Elu triomphant !
Un père aime toujours le vivat d'un enfant !

SAYETTAT.

Oh ! quel heureux penser ! c'est Dieu qui te l'envoie.
L'âme a besoin de chants quand elle est dans la joie ;
Au nouveau Bienheureux, vite un pieux accord
Qui puisse de nos cœurs rendre le saint transport.

CHANT

(Arrive un pèlerin de Paris, Ravaz).

RAVAZ.

Bonjour, mes chers amis ! Et vive la gaieté,
Je revois nos grands monts, notre belle cité.

SAYETTAT.

Oh ! sois le bienvenu dans nos vallons ombreux
Avec nous, viens en chœur fêter le Bienheureux !

RAVAZ.

A le chanter partout toujours ma voix est prête ;
A Paris d'où j'arrive, ah ! pour Lui quelle fête !
J'ai pu mêler ma voix à son grand *Te Deum*
Et contempler l'éclat de ses deux Triduum
Du triomphe du Saint, ô fêtes sans pareilles !
O beaux chants dont l'écho charme encore mes oreilles !
Spectacle dont mes yeux sont encor éblouis !
Quels cortèges d'enfants aux fronts épanouis !
Dans la chaire, trois jours, quels torrents d'éloquence !
Des offices divins quelle magnificence!
Aux pieds du Bienheureux, quels flots pressés de fronts!
De mitres d'or au chœur, quels splendides rayons !
De quels chants retentit l'écho de Saint-Sulpice !
Brillant Etat-Major de sa sainte Milice
Qu'il faisait bon vous voir au seuil des saints parvis
Sur l'image du Saint fixer des yeux ravis.

BOUCLIER.

Que n'ai-je pu jouir de ces fêtes si belles ?
Et pourquoi de l'oiseau n'avons-nous pas les ailes ?
Si mon âme déjà tressaille à ce tableau
Le ciel, où tend mon cœur, qu'il doit donc être beau !

(Pèlerin de Rome, **Massenavette**).

MASSENAVETTE.

Ferez-vous bon accueil au pèlerin de Rome
Qui vient d'entrevoir Dieu sous les dehors d'un homme ?

ROSIER.

A la fête du jour viens mettre le bouquet,
Rome ! à l'enfant chrétien est-il plus beau sujet?

MASSENAVETTE.

Rome ! à ce nom, mon œil s'emplit de douces larmes,
Mais il faudrait des mois pour t'en peindre les charmes.
O dôme de Saint-Pierre ! ô ciel du Vatican,
Heureux qui peut vers vous prendre un pieux élan.

SOULIÉ.

De la cité de Dieu, parle, parle Gustave !

MASSENAVETTE.

O triomphe indicible! ô rêve d'or suave!
O spectacle ineffable à nul autre pareil!
Du dix-neuf février, ô radieux soleil!

DOUILLET (LOUIS).

Parle! Qu'as-tu donc vu dans la Ville-Eternelle?

MASSENAVETTE.

C'est de l'humble exalté la victoire immortelle.
Sous la pourpre et la mitre, au sein de mille feux,
Quels cortèges d'honneur formés au Bienheureux!
Des grands seigneurs romains quel concours grandiose!
Du martyr de la classe, oh! quelle apothéose.
Dans son royal sénat, quand l'immortel Léon,
Les palmes dans la main et le trirègne au front
Inclina devant lui, sa majesté suprême
Qui fait des plus grands rois courber le diadème.

BOUCLIER.

Dans la splendide enceinte et dans ces nobles rangs,
N'as-tu pas remarqué, dis-moi, des rabats blancs?

MASSENAVETTE.

Ils perlaient comme au ciel scintillent les étoiles
Quand la nuit sur la terre a déployé ses voiles.

VALERON.

A leur tête as-tu pu voir le Très Honoré?

MASSENAVETTE.

Son visage à la fois calme et transfiguré
De son cœur trahissait l'émotion intime,
Autour de lui rangés les vaillants du régime,
Des chefs de l'institut guidant la légion,
D'une fête du ciel goûtaient la vision.
Salut jour de bonheur et de sainte mémoire
Où Dieu, de l'humble prêtre éternisait la gloire
Où Rome au Bienheureux prodiguait ses concerts,
Sous sa palme éclatante abritait l'univers!

SAYETTAT.

Mais quels honneurs, partout, on se plaît à lui rendre
Ici même, bientôt, nous l'allons tous apprendre

Aux récits attachants de pieux pèlerins,
Témoins de son triomphe aux rivages lointains.

(Ici arrivent divers pèlerins).

LE BELGE

MICHAL.

La Belgique à son tour, veut sa part de la fête!
Pour Jean-Baptiste aussi, son Triduum s'apprête ;
Mais elle veut savoir comme on le fête ailleurs,
Et Grenoble à souhaits, m'étale ses splendeurs :
Charmé de vos concerts, ébloui de vos flammes,
Aux touffes de lauriers, aux faisceaux d'oriflammes,
Je vois une cité, souveraine jadis,
Qui toujours des héros sait estimer le prix.
La Belgique, elle aussi, tient aux leçons des Frères,
Et montre avec orgueil leurs écoles prospères.
De brillants Triduums vont se suivre chez nous,
Aux pieds du Bienheureux quels joyeux rendez-vous !
Venez voir à Carlsbourg, à Malonnes, à Bruxelles,
Si nos cœurs pour le Saint n'ont pas leurs étincelles ?

L'ANGLAIS

GIRARDIN.

Moi, je viens rendre hommage, au nom de l'Angleterre,
A ce Saint, vrai phénix des héros de la terre.
Je cherche, avec amour, sa trace dans tout lieu ;
Et comme cette ville a vu l'homme de Dieu,
L'œil perlé de doux pleurs, j'y baise ses vestiges
Et de sa charité j'y bénis les prodiges.
Salut, belle Grenoble, où, donnant ses leçons,
Le Saint laissa son cœur et darda ses rayons !
Demain de la Chartreuse escaladant le faite
J'y pourrai respirer l'air pur de la retraite
Où le saint fondateur voulait finir ses jours.
De mes excursions, là, terminant le cours,
Par les pieux récits de mon pélerinage,
J'irai charmer l'écho de ma brumeuse plage
Et de ce soir magique aux enfants d'Albion,
Sous un vivant pinceau, tracer la vision.

L'AUTRICHIEN

SABART.

Ferez-vous bon accueil au messager de Vienne
Heureux ambassadeur de l'Autriche chrétienne ?
Chez nous, si l'Institut compte peu de maisons,
Il peut déjà montrer de bien beaux rejetons :
J'ai pu voir, l'an dernier, la majesté royale
De Vienne visiter l'école impériale,
Et, dans l'orphelinat, l'empereur François II,
Pour nous, féliciter les fils du Bienheureux.
Cette auguste visite est d'un heureux présage.
Partout le Ciel bénit les amis du jeune âge,
Surtout quand ces amis portent le sceptre d'or.
A vos chants, laissez-moi joindre mon humble accord.
Quand c'est un saint qu'on fête, il n'est plus de frontières,
Nous n'avons tous qu'un cœur embaumé de prières.
Triomphe à l'Abraham de tels instituteurs !
Jean-Baptiste est plus grand que tous les empereurs.

L'ESPAGNOL

SAUNIER.

Et l'Espagne, Messieurs, l'Espagne catholique,
Des antiques croisés, la patrie héroïque,
Qui, huit siècles pour Dieu, combattit le Croissant,
Et du Christ tint toujours le drapeau triomphant,
Veut bien venir aussi saluer l'oriflamme,
Qu'à Reims, de Jean-Baptiste arbora la grande âme.
L'héroïsme toujours garde le même éclat,
Sous la haire du Saint, sous l'arme du Soldat.
Concitoyen du *Cid*, je viens donc rendre hommage
A ce héros chrétien, le sauveur du jeune âge,
Au béni créateur de ces nouveaux croisés
Dont Madrid voit aussi les bataillons sacrés
Réunir sous la croix d'enfantines phalanges,
Et d'un peuple d'enfants faire des essaims d'anges.

LE TURC

VIAL.

Pour fêter un tel saint, c'est peu d'un continent,
Et me voici, Messieurs, pèlerin du Levant,

Au déclin d'un tel jour, sur le front de La Salle,
A mon tour, déposant ma palme triomphale.
Constantinople aussi jouit de ses bienfaits;
Le Sultan de ses fils proclame les succès.
Le rabat blanc du Frère, aux rives du Bosphore
Resplendit comme un lis et luit comme une aurore
Sous ce ciel d'Orient, et sur ces bords lointains,
Le drapeau de la France est dans de bonnes mains.
Oh! demandez à Smyrne, ainsi qu'à Trébizonde,
Si l'étendard du Saint sur les fils du vieux monde
N'étend pas sa douce ombre et ses plis bienfaisants ?
Vive donc un tel père et vivent ses enfants !

L'EGYPTIEN

FARÇAT.

Place, place, Messieurs au fils des Pharaons
Qui des Frères aussi vient bénir les leçons.
L'Egypte voit fleurir l'œuvre de Jean-Baptiste
Et semble ouvrir enfin l'oreille au catéchiste;
Sur les rives des mers, ainsi qu'aux bords du Nil,
L'apôtre avec sa bure, en son fécond exil,
Sur ce sol plantureux retrouve une patrie;
Port-Saïd et Ramleh, le Caire, Alexandrie,
Dans ces poudreux déserts, riantes oasis,
Font au cœur de l'enfance, éclore de beaux lis.
Ces postes avancés, aux feux du christianisme,
Vont faire reculer la nuit du paganisme
Et feront toujours mieux, à leurs lointains échos,
Dire : Gloire aux Français, vrai peuple de héros!
Que dis-je ? Alger, Oran, El-Biard, Constantine,
Tunis, dont l'ange (1), ici, mieux qu'un lustre illumine,
Ont dans les rabats blancs, mille germes féconds
Qui, de saints, vont pour Dieu, préparer des moissons.

L'AMÉRICAIN

MARTIN.

Et la jeune Amérique, et notre Nouveau-Monde,
Le pays des dollars, le sol que Dieu féconde,
Doit joindre aussi sa voix au triomphal concert;
Ce double continent à l'Evangile ouvert

(1) Mgr Jourdan de la Passardière, administrateur de Tunis, suffragant de Carthage.

Est pour l'Eglise en deuil une immense espérance;
L'or des Etats-Unis c'est une providence
Qui prépare la voix aux fils du Bienheureux.
Ce sol est pour l'Eglise un sol plantureux,
Baltimore, Memphis, Québec, Philadelphie,
New-Jersey, New-York, quel souffle vivifie
Ces villes où la foi fleurit en liberté?
Allez de Montréal visiter la cité!
Ce monde par Colomb découvert pour l'Eglise
Semble pour l'avenir une terre promise;
De l'Equateur lointain, interrogez l'écho,
Quel nom vous répond-il? Garcia Moreno!
Gloire donc au progrès de la jeune Amérique.
De l'Ecole chrétienne, honneur au sol classique.

JERUSALEM

DUPONT.

Voici Jérusalem! voici la ville sainte!
Qui, par moi, veut aussi sa place en cette enceinte.
Sur les flancs du Calvaire, au pied du saint tombeau,
Les Frères, de leur France, honorent le drapeau.
A défaut de Croisés, ils y font sentinelle
Réformant, aux saints lieux, cette garde fidèle,
Qu'autour du saint Sépulcre, aux accords de Sion,
Sous le sceptre y monta Godefroy de Bouillon.
Sous leurs nobles sueurs et leurs traces divines,
Puisse Jérusalem sortir de ses ruines.
Puisse, de là, leur voix retentir sur les mers
Et faire à leurs leçons refleurir ces déserts.
Par eux, puisse la croix, couvrir de son égide,
Pour l'honneur des Français, la cité déicide.

L'ILE MAURICE

DONDAY.

Et les iles, messieurs, ces fleurs des grandes mers,
Pourraient-elles mêler leurs voix à vos concerts?
Chantez, Madagascar, Port-Louis, Tananarive!
Le rabat blanc du Frère argente votre rive,
C'est le premier rayon, pour vous, du vrai soleil
Qui vous réveille enfin de votre long sommeil.

Chantez, chantez surtout, heureuse Ile-Maurice,
Qui vîtes rayonner, dans un béni solstice,
La mitre dont Grenoble admire, des treize ans,
Le lustre apostolique et les feux bienfaisants.
L'Ange qui la porte, devenu votre père,
Réunit dans son cœur l'un et l'autre hémisphère.
Au Bienheureux, par lui, le plus beau des lauriers!
Et de Tunis, les fleurs du phénix des rosiers!
Mais, parmi nos transports de la fête magique,
Sous ce ciel étoilé de la nuit féerique,
Groupant, sous ces croix d'or, nos vivats et nos vœux,
Entonnons tous en chœur une hymne au Bienheureux!

CHANT.

COMPLIMENT A NOSSEIGNEURS ET A L'ASSISTANCE

MESSEIGNEURS, MESDAMES, MESSIEURS,

C'est ici qu'il faudrait la lyre du poète,
Ou mieux, la harpe d'or d'un brûlant séraphin,
Pour lancer les accords d'un bel hymne de fête
Aux derniers feux d'un jour trop vite à son déclin.

Ici, tout me ravit, me transporte et m'enchante ;
Tout semble me bercer dans un vrai songe d'or.
Dans les cieux j'entrevois une face éclatante
Des feux qui couronnaient le Christ sur le Thabor.

D'ineffables concerts, partis d'une autre sphère,
Semblent, aux quatre vents, porter un nom vainqueur,
Et ce nom, ô transports ! c'est le doux nom d'un père
Dont le ciel et la terre acclament le bonheur.

Des millions d'élus, rangés près de son trône,
Jadis peuple d'enfants groupés près d'un autel
Forment, de leurs rayons, la céleste couronne,
Qui, sans fin, doit briller au front de l'Immortel,..

L'Immortel ! le voilà ! l'Immortel Jean-Baptiste,
Si modeste autrefois et si grand aujourd'hui !
A l'Œuvre, en son honneur, chantre, poète, artiste,
Il est digne de vous ; soyez dignes de Lui !

Son nom a déjà fait battre des milliers d'âmes,
Retentir mille accents, briller maints *Triduum*.
A Grenoble, en ce jour, de lui montrer ses flammes
Et de lancer vers lui son ardent *Te Deum*.

O cité des Dauphins ! ô Reine de l'Isère !
Pourrais-tu jamais trop fêter ton Bienheureux,
Qui, caché sous les plis de sa bure grossière,
Trois cents jours, ô bonheur ! t'embrasa de ses feux.

Tu fus, sous l'ouragan, sa cité de refuge ;
Sur tes fils, dans l'école, ont coulé ses sueurs ;
Solitaire en ton sein, avec Dieu seul pour juge,
Dix mois, il t'émailla des perles de ses pleurs.

Tu fus comme un cénacle où Dieu guidait sa plume,
Où son zèle, aux chrétiens, dictait ses livres d'or,
Aux erreurs de Quesnel préparait son enclume
Et de ses fils vers Rome affermissait l'essor.

Sur les sillons des saints comme aussi tout prospère !
Quelle sève de vie en jaillit pour les cieux !
Les pleurs de Jean-Baptiste ont fécondé l'Isère :
La preuve en est, ici, vivante sous nos yeux.

Qui donc a fait surgir ce pavillon de l'aigle
Dont le splendide ensemble éblouit les regards,
Dont, sur l'art le plus pur, le vaste plan se règle,
Et que, pour Paris, même eut envié Mansard ?

Qui ? C'est vous, chers Messieurs ; c'est vous, pieuses Dames,
Vous, Fils de saint Bruno, qui, d'un élan de foi,
En flots d'or avez fait, pour Dieu, jaillir vos flammes,
Ouvrant aux fils du peuple un seuil digne d'un Roi.

Oui, mais c'est, avant tout, la main de Jean-Baptiste
Qui lança ce palais de ce sol enchanté ;
Lui, qui des bienfaiteurs, remplit si bien la liste
Où vos noms sont inscrits pour l'immortalité !

Rapprochement béni ! Le monument s'achève
Comme un dôme exhaussé pour le front d'un vainqueur,
Quand l'élu triomphant sur les autels s'élève,
Quand l'heureux Institut fête son Fondateur !

Que dis-je ? A l'Aigle hélas ! il manque encore une aile,
Une aile qui, de tous, attend ses plumes d'or.
A l'Œuvre, pour créer l'aile de la chapelle !
Courage ! Dieu le veut : Encore un noble effort !

Cette aile, de votre Aigle, est l'aile triomphale,
Celle qui doit, vers Dieu, porter plus haut les cœurs,
Et pour vos descendants, sur le front de La Salle,
Rajeunir vos lauriers, éterniser vos fleurs.

Cette aile, chaque jour, dans des flots de prières,
Au ciel portant vos vœux et retraçant vos noms,
Du nouveau Jean-Baptiste en sillons de lumière,
Sur vous fera planer le sourire et les dons.

Du Bienheureux j'entends la voix douce et pressante :
« Cœurs généreux, dit-il, qu'attire mon autel,
« Dressez en mon honneur une royale tente
« Au divin Roi des cieux qui m'a fait immortel !

« Par cet effort suprême, à l'Aigle de Grenoble,
« Dans cette aire, où se presse un tel essaim d'aiglons,
« Donnez, par votre offrande, une aile et la plus noble.
« D'épis d'or éternels l'aumône a ses moissons.

« Près des pierres d'honneur groupez vos grains de sable ;
« Pour Jésus, en mon nom, donnez, donnez encor :
« Je connais, pour mes fils, votre zèle admirable,
« Rien ne peut de vos dons épuiser le trésor. »

Des bâtiments anciens quelle métamorphose!
Comme tout montre, ici, le doigt du Tout-Puissant
Qui préparait de loin, pour cette apothéose,
Ce poème de marbre écrit sur le ciment.

Mais, pour un tel triomphe et pour un tel baptême,
Il fallait de grands cœurs, de bien augustes mains,
Et la chaire, à trois jours lancé son beau poème,
Et deux mitres sont là pour chanter : Gloire aux Saints!

Salut, ange béni dont Grenoble est si fière,
Vous qui, de la Salette, arborez l'étendard,
Vous qui, de Paul jadis, parcouriez la carrière
Et qui, du crucifix, nous faites un rempart!

Agréez les vivats de cette ville en fête
Qu'embaument vos vertus, qu'illustrent vos lauriers,
Et laissez vos enfants, sur votre auguste tête,
Jeter en ce beau jour les roses par milliers!

Les roses! Monseigneur, mais sur vos mains sacrées,
L'ange de Roséa les jette à pleines mains!
Comme aujourd'hui, pour vous, ses lèvres empourprées,
De votre chaire ont fait le plus beau des jardins!

Merci! merci du choix d'un tel panégyriste!
Vos mains qui l'ont sacré nous le rendent si cher !
N'est-il pas, tout à tous, aux fils de Jean-Baptiste
Qui mêlent vos deux noms dans un même concert?

Pourrions-nous oublier le fils de saint Ignace
Dont l'éloquente voix fait vibrer tant de cœurs ;
Lui, dont Montgré toujours garde la sainte trace
Et dont Lyon connait les sublimes ardeurs?

A ce fils de Grenoble, apôtre de l'Isère,
Qui mêle, à nos bouquets, ses fleurs et son laurier,
Nos longs vivats aussi du cœur le plus sincère,
A lui qui sait partout fleurir en vrai rosier !

Gloire à vous, chers Curés, anges de nos Ecoles,
Des chers Frères toujours pourvoyeurs généreux,
Puissent toujours là-haut resplendir vos étoles
Près du nimbe éclatant du front du Bienheureux !

Pour vous, chers Bienfaiteurs, amis de cette enfance,
Qu'adopta Jean-Baptiste et qu'embrassait Jésus,
Souriez aux transports que la reconnaissance,
Dans nos rangs, fait passer de tous nos cœurs émus.

Et vous, garde d'honneur de Dames patronesses,
Anges de bienfaisance, aux soins ingénieux,
Vous qui, sur l'orphelin, répandez vos largesses,
En ce jour, grand merci; merci surtout aux Cieux !

C'est là, qu'à Jean-Baptiste, étalant vos aumônes,
Et sur les harpes d'or lui chantant vos doux noms
En cortège d'honneur sous les radieux dômes,
Nous vous dirons, sans fin : Merci de tous vos dons !!

www.ingramcontent.com/pod-product-compliance
Ingram Content Group UK Ltd.
Pitfield, Milton Keynes, MK11 3LW, UK
UKHW020942180726
13838UKWH00003B/1071